明公啟示錄

解密中華文明真相（二）

尋根中華文明之語言與信仰

范明公——著

目錄

卷首緣起

要真正瞭解中國國學、華夏文明這棵參天大樹，我們要從一顆種子入地開始，一步一步的跟隨它生根發芽；它的一切根源都藏於地下，找到根才能逐步瞭解樹幹、枝葉從何而來。真正學習國學，首先要清楚信仰，信仰是文化之本，所有文化都是從信仰中來。信仰是根，掌握不好根，僅研究枝葉是不可能明白的。

華夏文明現在岌岌可危，文明消亡的標誌是文字的消亡。隨後，文言文、漢語一旦都徹底消亡，中華文化就斷絕了。如此，信仰也就隨之消失了。中華神授的語言、文言文與文字一樣是構成文化的基礎，而另一個重要基礎就是信仰。信仰對於國學文化也是缺一不可的、最基礎的奠基石。而信仰的基礎之一是祭祀，中華文化都是由此而來，懷著誠敬之心、秉承祭祀之禮，是我們真正學好國學的根源和前提。

作為華夏文化、神性文明的傳承人，我秉承使命，將中華信仰重新講解清楚，一定要將信仰為根基的傳統文化、文明體系普傳於當下最關鍵的這一代人，讓華夏神性文明

的曙光重新照耀中華大地！

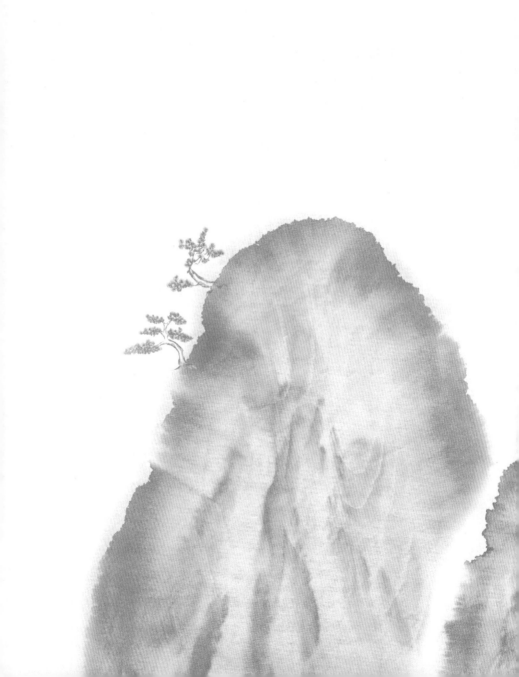

第一章

華夏文明落地傳經典

文明古國源自半神人

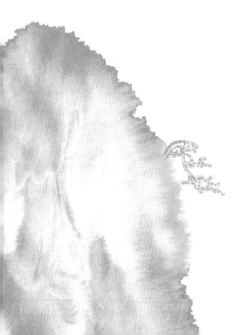

第一節

中華神性文明實用有效
佛道儒皆有治瘟抗疫之術

中華國學傳統文化、華夏神性文明不是形而上的，而是解決當下問題的，是學以致用的。我們為什麼要學國學？學習國學能用來做什麼？現階段，眼前什麼問題最嚴重？能不能用國學知識解決眼前的問題？中國國內的新冠肺炎疫情非常嚴重，還沒有撲滅的辦法，這是當下最嚴重、人心最惶恐、人們最害怕的問題。國學能解決嗎？

中華老祖宗對付瘟疫、疫症，有很多易學好用、行之有效的方法。編纂於二千五百年前的《黃帝內經》中，有專門的免疫大法，既不必吃藥，又不用打針，可以避除所有瘟疫。《黃帝內經》是中醫之本，亦是中醫兩部重要經典之一，所有的中醫理論體系都出自於《黃帝內經》，是中華民族的至寶，保中華民族幾千年繁衍生息，雖經歷無數次瘟疫，但都沒有形成大規模爆發，很快就在局部小範圍內控制住。中華不曾像歐洲一樣，大瘟疫一來，整個人口的 90% 都被瘟疫奪去生命。中世紀歐洲的黑死病持續了

幾百年，多麼可怕，這在中華就沒有出現過，無數次的瘟疫都能夠被很快撲滅下去。我們怎麼做到的？這就是中華祖先的智慧。

《黃帝內經》是中華醫學理論經典，還有一部《神農本草經》，裡面詳細記載了 365 味藥，每味藥的五行屬性、如何相生相克，該怎樣運用這 365 味藥，用五行生克原理把疾病消滅掉，這是中華老祖宗的智慧。

所有祖先智慧都源自最基礎的理論 —— 陰陽五行。陰陽五行以及《易經》八卦，曾是西方最嗤之以鼻的，也有許多中國炎黃子孫，一提到老祖宗的陰陽五行八卦就否定：「摸不著看不見，哪來的五行啊？宇宙怎麼可能是金、木、水、火、土五種元素組成的呢？這不是荒謬嗎？」說這種話的人都是真的不懂！以為老祖宗說的五行「木火金水土」，就是指構成宇宙萬事萬物最基本的元素。因此對傳統文化嗤之以鼻：「怎麼可能是五種元素組成的呢？組成宇宙的元素多了，古代的人愚昧得很，什麼都不懂！」其實真的不知道究竟是誰不懂。

如果以為五行是構成宇宙萬事萬物的基本元素，那就是不懂，也並不知道什麼是五行。五行把整個宇宙連成一體，生與克的關係形成了宇宙運行的規律。掌握了五行，

就能知道宇宙間的人、事、物，以及發生的一切規律和趨勢，甚至掌握其結果。即是常言所說，修行人修行到一定程度以後，可以達到「跳出三界外，不在五行中」的境界。真正把五行掌握好了、明白了、會運用了，自然就懂得運用宇宙自然的規律，人生就掌握在自己的手裡了。

中國人都知道五行，天天口念五行，但沒有人會用五行。自己不會用，卻又回頭貶低祖先的大智慧。萬事萬物皆有「五行」，指的是五個屬性，中華古代針對瘟疫，其實不僅是對瘟疫，還包括所有的疾病以及障礙，都是從五行生克的角度來著力，運用大自然的力量調整解決。對治瘟病也不僅僅是吃藥，藥只是一種方式，迫不得已才吃藥，況且「是藥三分毒」。

中醫亦分上乘、中乘和下乘三個層次，吃藥和針灸是中醫裡面的下乘之學。《黃帝內經》明確闡述，上乘的醫術指：「理色脈而通神明，合之金木水火土，四時、八風、六合……」運用五行以及八卦能量場，是《黃帝內經》裡最上乘的醫術，亦所述「移精變氣，可祝由而已」的祝由之術，即「祝說病由，不勞針石而已」，不用吃藥打針，病就可以痊癒。

有人會想：「老師，這不是迷信嗎？有病不吃藥、不

打針怎麼能好呢？」各位朋友，現在新冠肺炎疫情有藥能治嗎？2003 年的非典 SARS 病毒與此次相似，然而針對非典病毒的疫苗到現在都還沒生產出來。非典疫情是怎麼消失的呢？是到夏天天氣轉暖後，病毒自然而然消失的，而不是用藥物壓下去的，我們只是在全民隔離上努力得比較到位。為什麼疫情會自然而然消失？大自然當中就有生克的自然之力。以類似目前新冠肺炎疫情的瘟疫而言，要研製和生產疫苗需要很長一個週期，真正廣為使用肯定是很久之後了。

誠然，西方治療瘟疫有其可取之處，在研製出疫苗後，諸如天花、麻風、鼠疫，基本都已滅絕了。但即使研製出這些疫苗，人類就能杜絕瘟疫嗎？其實並沒有。瘟疫也會變異，病毒也很聰明，只要找到某一種瘟疫病毒形式的疫苗，病毒就會再換一種形式出現，而且，疫苗研發永遠趕不上病毒變異的速度。因此在近一兩百年內，全世界已有多次大瘟疫出現。僅是流感，每年就會導致很多人死亡，雖然人們已經適應流感，但它也是流行病，亦即瘟疫的一種。事實上，中華祖先在對治瘟疫這方面真的有大智慧，中華歷史上從未有過某次瘟疫延續上百年，甚或消滅人口大半。中華不曾出現歐洲中世紀時蔓延得那麼慘烈的瘟疫，

全拜中華祖先的智慧所賜。

中華運用了什麼力量和方法克制住瘟疫呢？其實就是借助大自然的力量，運用宇宙自然的五行之力。各家修行人中，包括修道法的人、修佛法的人、修儒學的人，有一批大智慧者掌握了宇宙自然的發展規律，知道瘟疫的本質是什麼。其實，只要看到真相就不可怕了，我們有完整成套的應對治理方法，而且方法很多。

在佛法中，「禪門十六觀」中有專門對治瘟疫的方法，提升體內能量，正氣足，邪氣就侵不進來，人人正氣足，邪氣自然消散。佛法中有很多防疫護身法，道法中也有很多方法對治瘟疫，歷朝歷代一旦有大瘟疫發生，就會有如道士等的奇人異士下山，用送瘟神等等許多的道法來救度眾生，抗擊疫魔。歷史上，東漢末年的大瘟疫發生時，就有道士下山用符咒做成符水，給老百姓喝符水抗瘟疫，救人無數。

有人會問：「老師，這不是迷信嗎？以前很多會、道、門，不都是騙人的，被打擊的嗎？」在此調整一下各位的認識，江湖術士很多，確實絕大部分是騙人的，但真正的智慧和真功夫也是存在的，不能一概而論，認為全是騙人的，得依歷史、用事實說話。而事實就是，中華民族歷史

上從未有過滅絕大半人口的瘟疫。為什麼？正是因為每次瘟疫來時，都有奇人異士下山救苦救難，而且方法不一，比如剛才所說道門中的符水之法，送瘟神、克瘟疫就非常有效。

儒家，一樣也有很多方法。儒學是專門研究《易》的，《易經》乃萬經之首，中華無論道家、法家還是兵家，都以《易》為先。儒學的整套體系都是從《易》發展出來的，而《易》所講的是「一陰一陽之謂道」，即大道之理、宇宙自然的運行規律。儒學也有很多治療疫情、疫症的方法，但這些都是「術」，都是法門內密修、密傳的內容。

有人提出：「老師，不管儒釋道，您傳幾個術，我也想學會之後，戰勝疾病疫情，保護家人。」雖然我很想傳授大家，但無奈書籍和網路是公共平臺，不可能傳密法。在此僅能先讓大家知道，我們中華祖先的智慧的確有方法應對疫情，不僅行之有效，而且見效極快，都是從根本上解決問題。這些方法，在疫情之前都已教授本門弟子，如果有緣可以接觸到他們，疫情當前，我的弟子都是公益帶大家療癒，給大家施治。然而，在書籍、網路等公開平臺上，我不可能傳授這些密法、密術，在書中只能傳「道」，即「解悟」文字般若、經典智慧；而「行悟」方面，即修

行密法、密術是不可以公開傳的，更不可以所傳非人。

　　還有人問：「這是不是迷信？是不是氣功呢？」都不是，而是用陰陽五行的自然能量調整，解除疾病和疫情。暫時不理解沒關係，但絕不可妖魔化，不可對祖先智慧不恭不敬。在此，我們會把理講清楚，老祖宗這套智慧是什麼？是怎麼來的？但是，在這裡不能講如何應用，因為那是師徒之間口耳相傳的密法，是所有法門法脈共同的規矩。任何法門、法脈都不能把落地實用的密傳之術，在書籍或其他公共平臺披露，任何祖師也不允許如此公開顯露，否則必然不是真傳智慧。

　　真正的明師傳道是有規則的，顯學部分可以普傳，密修部分是不可以普傳的，一顯一密形成陰陽。顯學部分必須要有明師指明方向，領你走上正路、找到大門；同時又必須有密修部分配合，明師再交給你一把鑰匙，即密修之術，打開大門的鎖。打開這把鎖，領你進門以後，就是「修行在個人」了。這正是所謂：「師父領進門，修行在個人。」

　　能在書上公開講授的是顯學部分，得聞顯學正道已是大福緣。我的國學體系系列內容，和其他國學大師、教授所講的不一樣，不單單是從字面、文字上解讀。當然，學國學要從經典上解讀，但我不僅僅是解讀文字，也不是滿

口華麗詞藻的解讀方式，那種方式聽著言之有理，但現實中根本應用不了。同樣，也絕不是那種滿口「道德仁義禮智信」，現實中也不知如何落地實用；天天教人行善，卻連什麼是善也不清楚，如此只會口吐善言把人領入魔道。既然有緣交流，我就會傳授大家真傳智慧，解你之惑，讓你清清醒醒、明明白白的做人、做事。

針對疫情，中華有諸如《黃帝內經》免疫大法、道家符水、「禪門十六觀」之火山觀等方法，都是直接針對疫情的不同方法，儒釋道皆有。國難當前，匹夫有責，學道修行之人不計名利，皆須協力共度國難，本門弟子更是責無旁貸。其實，我們學習這套智慧的原因，即是面對真正的大災大難，要提前知道、防範，災難來時可以規避、不被碾壓。因此，在疫情發生幾個月前，我已經把這些方法教授給弟子，也在泰國準備好了避難之所。因此，學道之人在疫情之前，是可以有所安排和準備的。

危機、災難、瘟疫來了，我們修行之人不怕，我們的命運並不是這樣安排的，我們的命運不在上帝手裡，而且我們的祖先也不信奉上帝；我們的命運也不在閻王手中，很多人也根本不知道閻王是什麼。真正學國學，我們首先要清楚中華的信仰。信仰是文化之本，所有文化都是從信

仰中來。研究國學，如果不清楚信仰，研究多少年都是白搭。我們的國學、傳統文化、中華文明，都是從基礎信仰出發，信仰是根。根掌握不好，僅研究枝葉是不可能明白的。

第二節
神授文明非迷信
前沿科學不斷驗證 落地應用百花齊放

　　開篇透過時事疫情，講述中華祖先智慧應對瘟疫有行之有效的好方法，幾千年不斷應用、不斷見效，但是現在卻只能仰仗西方技術研製疫苗對付瘟疫，把祖先的智慧拋棄了，甚至謾罵它，這是中華真正可悲之處。我展現給大家的這一套國學系列，會把祖先的「道」講授清楚，同時講清楚「術」的理，知道這不是迷信。祖先的智慧，雖然現代人還理解不了，但是，透過西方最前沿的量子物理學家不斷研究，得到的實驗結果也不斷驗證著中華老祖宗的智慧。而且並非證偽，是步步證實著中華祖先對宇宙看法、對宇宙規律和真相的掌握。

　　我所講的國學，特點是古文的「之乎者也」很少，反而心理學、腦神經科學、量子物理學等等講得很多。講了這些與時俱進的科學知識之後，才能對證祖先經典中所說的，究竟是不是我所講的意思。用西方前沿科學驗證中華祖先智慧，才真正有說服力。落地運用祖先智慧，解決當

下個人和國家的問題，即為經邦濟世之學。

很多人抱有疑問，中華祖先智慧如此偉大，為什麼沒發展出現代尖端科學？而現代西方科技代表最前沿、最先進的技術，很多人認為應該向西方看齊，認為西方科學都是真理……我們後面會慢慢剖析，為何中華祖先如此智慧，卻沒有發展出所謂的現代科學、現代科技。

華夏文明、祖先智慧因何偉大，如何而來？華夏文明可以用四個詞描述：神性文明、高維智慧、無神守道、經邦濟世。華夏文明是一套完整的體系：無極、太極、陰陽、三才、四象、五行、六合、七星、八卦、九宮、十方；道生一，一生二，二生三，三生萬物。這一整套華夏文明是某個存在發明創造的，還是由各時代聖人累積而成的呢？這才是應該探討的中華文明源頭。

文明的源頭不清楚，就像想要研究一棵樹，不去追根究柢，卻只關注顯的枝和葉。顯於外露在地面上的是樹幹和枝葉，根與種子都是埋在地下的。要瞭解這棵樹，要知道事物的整體發展過程，就要從一粒種子入地開始去瞭解，它的一切都藏於地下，不知根就不知枝幹和樹葉因何而來，顯於外的發展階段不是根本，研究事情必須從根本去研究。

我們學國學經典，不是一上來開始就拿《孝經》、《論語》去讀、去念，卻完全不瞭解念的是什麼、讀了有何用，就這樣盲目的學，什麼也學不成。任何學習開始前，一定要理清楚根本和淵源，知道為何學，學了有何用，現實中有何價值。我們的時間精力有限，做事更要看性價比。古人說：「朝聞道，夕死可矣！」最有智慧的人遇到明師，世間一切都不要了，捨棄身家性命都要跟隨。

從根上梳理中華國學體系是怎麼來的？一般情況下都會認為，是夏商周有文字以後，累積上千年，到了春秋戰國時期百花齊放、百家爭鳴，聖人出現後，又慢慢累積出一套完整體系。然而，如果這套文明體系是累積而來的，春秋戰國至今已經二千五百多年，如今應該比過去累積得更加先進，二千五百年前的人都應是原始人，相當於幼兒園的孩子，現代人就相當於博士後了，博士後看幼兒園孩子應該是一目了然，特別透徹，即現代人看古人應該覺得很幼稚。可事實結果是這樣嗎？現在的人能看懂聖人的經典嗎？能說出聖人之言嗎？對於聖人掌握宇宙自然規律的透徹程度，我們現在能理解嗎？到底誰是幼兒園，誰是博士後？是不是感覺倒過來了？

東西方文明是有區別的，我們這裡僅專注談東方。

中華民族的文明是累積而來的嗎？如果是，應該越累積越先進、越豐富、掌握得越來越深入透徹。但是，我們反而發現，經過了二千五百年，在思想領域，人們對宇宙的認識並不是在進化，反而是在退化。現今的中國人能寫出古人的詩詞歌賦嗎？對宇宙自然的認識能達到那種深度嗎？《道德經》和《易經》現在有幾人能看懂？孔子的《論語》和儒學十三經能真正看懂幾句？《韓非子》、《鬼谷子》能看懂幾篇？看《黃帝內經》都會害怕，感覺所記錄的只是傳說，只有神仙做得到，人肯定做不到。但那都是二千五百年前已經成形的東西，為什麼現在我們望塵莫及？

也有人說，中華民族的文明不是累積來的，而是因為出現了先師聖人孔子，把我們帶入文明，是孔聖人創造了歷史、創造了文明、創造了這套體系，聖人智慧已經達到巔峰，我們必須學習聖人。但是在此我要明確告訴各位：這種想法不對！因為孔子自己明確說過：「君子述而不作。」這句話中，「述」是描述、講解；「不作」的意思是不發明、不創造，這是孔子的治學方針。孔子一再講，中華這套完整的文明文化體系不是他所創造的，甚至表達他沒有創造任何東西，他只是描述、講述、解釋古聖人的

東西。意思是，孔子所講的話都不是孔子創造的，只是在解釋古聖先祖的話語。

例如儒學五經等所有經典，都不是孔子所創。《詩經》不是孔子作的，而是他走遍十五國，采風一萬多首上古遺留的詩，後將這些詩刪減、濃縮、彙集了 305 首菁華，形成了《詩經》，其中沒有任何一首是孔子作的。《尚書》是上古之書，更不是孔子作的，而是上古三皇五帝的言辭記錄，孔子彙集古文獻，編撰整理刪減而成。《禮記》也不是孔子作的。而《易經》，有史明確記載，則是周文王囚於羑里七年而作《易》。

然而，對於《易經》，孔子親自寫了《十翼》。因此，研究孔子儒學的思想體系、對宇宙自然規律、真相的觀點和看法，要從《十翼》起始。翼就是翅膀的意思，這十篇研究《易經》的文章，言辭非常優美，十篇論文從十個角度闡述《易經》是什麼，中華文明體系所有的定理定律，全都在這十篇論文裡體現。例如：陰陽的五大定律，即陰陽的對立性、對稱性、互根性、消長性和轉化性；五行生克有道、八卦的定義等。諸如這些定理定律，以及如何運用，包括所有對宇宙自然規律的認識，都是孔子總結出來的。至今二千五百年沒有人能超越，所以孔子被稱為近古

聖人。

華夏文明有三聖人：遠古聖人、人文始祖伏羲，中古聖人周文王，近古聖人孔子。孔子之後二千五百年再無聖人，至今沒有任何一個人能超越孔子的高度。中華所有華夏文明的一切應用，軍事理論、醫學理論、琴棋書畫茶、佛法、道法，所有的一切，都沒有超越孔子闡述的宇宙至理。所以對於中華民族來講，孔子之偉大，怎麼稱頌都不為過。

對於整個中華民族而言，不管是身心靈提升高度、圓滿自我的方面，亦或是教育、農業、軍事、醫學、陰陽學等方方面面，都離不開孔子闡述的這套體系。學習國學，想繞開孔子而談國學是不可能的。孔子是樞紐、是承上啟下之人，沒有孔子就沒有華夏文明。孔子的偉大不在於始創中華文明，他並沒有創造文明；而在於他是承先啟後之樞紐，上古聖人先祖創造了中華文明，孔子則是將這套文明體系為我們後世華夏子孫完整落地。孔子把這套體系的定理定律總結出來，教授給我們，並且告訴我們在現實生活中怎麼應用這些上古智慧、人倫道德。

伏羲創八卦，揭示了人、自然、宇宙之間的關係。周文王解讀八卦推演而成六十四卦。八卦是天，《易經》

六十四卦是地，有天有地還必須有「人」。是孔子把八卦與《易經》看懂了、解讀出來，並用大眾能理解的通俗語言，把規律真相傳給後世，打開了中華民族的文明之門。沒有孔子，我們就不會知道上古聖人高深的宇宙自然規律，上古聖人有如頂級科學家，而孔子是老師，我們是蒙童，孔子廣開教化之門，落地華夏文明，使我們能看懂，教我們如何用，以及在哪裡用。華夏文明的源起不是孔子，而他是承上啟下的樞紐，留下經典教授我們，因此說他偉大！

這樣我們更能理解這句話：「天不生仲尼，萬古長如夜」，若是沒有孔子，中華大地所有的人，將在萬古之中都如同活在黑暗裡，見不到文明的曙光。因為孔子，中華大地才有一片光明，才有漢唐的強大鼎盛，才有宋明的繁榮昌盛，才有我們中華文明引以為豪的一切！

縱觀歐洲、非洲、美洲和澳洲，非洲到現在還沒開化；北美洲的美國建國才二百多年，印第安人時期也處於黑暗中，沒有文明曙光；南美洲開化得比北美洲還晚；澳洲白人歷史也是二百多年，以前全是土著。全球史前只有四個地方有文明曙光，即四大文明古國：古巴比倫、古埃及、古印度、中華。然而四大文明古國中，三個已經不復存在，因此稱為「古國」，唯一留下來的文明體系只有中華，所

以中華不稱「古」。

華夏文明及其他三大古文明，基本上是同一時期的文明。西方學者的考據結論是，古巴比倫出現最早，第二是古埃及，第三是古印度，最後才是華夏文明。雖然我們並不認同西方的這個考據結論，但不論先後，現今的事實是，在地球文明曙光的四大文明古國當中，另外三個文明古國的文化體系並未流傳下來，只有中華的文明一直就沒有斷過。

華夏文明，實際上可不僅僅五千年，而且不是累積而來的，不是聖人孔子創造出來的，也不是春秋戰國的諸子百家創造出來的。百花齊放、百家爭鳴，其實都是古文明智慧的落地應用，上古文明這套成形的體系，在管理、軍事、教育、農業、醫學、陰陽學等各方面，是在春秋戰國時期真正落地。

第三節

明心見性是修行本體
中華文明是神性文明

　　中華這套文明體系怎麼來的，何時出現的？正本還需清源，把根鳌清，然後順著脈絡來看華夏文明到底是什麼。不能只是說漢唐時期如何強大、宋明時期如何繁榮，要有證據證明漢唐文明如何而來？國學其實就是修行，中華文明的根脈不清何談修行！這是起修之處。

　　修行絕不是打坐、念佛、吃素、禁欲，所有這些都不是修行本體，而是「助行」，即有助於修行。千萬不要混淆了，不要覺得打坐就是修行。石頭一動不動，能算是修行嗎？若說石頭是無情之物不可比，那跟烏龜比比！任何人只是三年、三十年打坐不動，能成佛嗎？《六祖壇經》就是在告訴我們，那些不是修行本身，是助行，是為了更好的輔助修行而去做的。

　　修行到底修什麼？修的是這顆心。明心見性，這才是真正的修行。明心，是明明白白知道並能找到這顆心，知道心當下的狀態；見性，是知道我的心為什麼是這樣的，

通曉規律。明心是修行的本體，決定我的一切，是我自己的上帝。並非宇宙中有一個創造我的、人格化的上帝，外面沒有上帝。是誰創造了這個世界？是我自己這顆心。心是本體，要找到這顆心。

真正明師授徒，都是以心印心。知道心當下的狀態，就知道現實為什麼是這樣，命運為什麼是這樣，都是自己這顆心安排的。有人說想發財、想做億萬富翁、想娶最美的女人，更想要子孫滿堂，而且都和順乖巧，為什麼現實並非如此安排？因為不清楚自己的心和腦，剛剛那些都是他的腦想要，而不是心想要。

怎麼找到這顆心？所謂修行，就是有大德明師引領你找到這顆心，而且有方法知道這顆心當下的狀態，這是明心；大德明師又能教你規律，知道心為什麼是這樣的狀態，怎麼掌握規律、調整這顆心，心調整明白了，命運就轉變了，就能得到腦想要的一切了。

人們現在的問題是心腦不合一，心安排的是窮困潦倒，腦卻又想發財，所以人們痛苦，而心腦不合一就是痛苦的源泉。明心見性，才是修行的本體，為了找到這顆心，為了掌握規律而見性，人們歷盡艱難，為什麼還是找不到？因為福薄業重，被深重的業障所遮蔽。要積功累德、增加

福報，同時努力消業，業障消除心才能看到、才能聽懂、才能不恐懼、才能真正跟隨明師往前走。絕大多數人都在尋找心的過程中半路掉隊逃跑，因為他們害怕，怕見到真相。那麼我們如何積功累德、增加福報，消業除障呢？積功累德，即要控制貪嗔癡慢疑、五欲六塵。而吃齋、禁欲、打坐、念佛則是為了消業除障。這些都叫助行，但是並不是修行本身。

　　明師怎麼帶我們找到這顆心呢？找到心的方法叫般若，也就是智慧；找到心的過程叫波羅蜜。摩訶般若波羅蜜，就是大智慧到彼岸。要從哪裡起修？首先是文字般若，即解讀經典智慧；第二是觀照般若，即方法；第三是實相般若，即見到這顆心，實相現前，見到主宰自己命運的真我，不在外界而在內心。這正是中華東方的智慧，所有修行都是找到真我；也就是找到真我的運行規律，運用它調整真我，改變命運。明師必是從經典開始引領你尋找真我，破除你的錯知錯見。

　　什麼是錯知錯見？比如，你認為外界有一位上帝，或者有閻王爺、觀音菩薩、阿彌陀佛，主宰著你的命運。你為了改變命運，就求觀音菩薩、求上帝，求祂們改變你的命運，這就是錯知錯見。真正的儒釋道經典，都在講同一

回事，都是必須在明師引領下破除錯知錯見，形成正知正見，教我們方法見到這顆心，掌握心的規律。

聖人經典，通篇都不離「明心見性」，告訴我們宇宙自然的規律、人生的趨勢、人的真相是什麼。你的命運是由誰主宰，誰安排的？宇宙自然和人生的規律是什麼？佛法經典有三藏十二部，儒學、道學經典都很多，其實說的都是同一件事。如果說的是兩件事，那就有問題了，那麼先祖的智慧就有矛盾分歧，不是一個整體了。

有人問：「佛法是從印度傳過來的，不是中華老祖宗的東西啊？」如此提問，就證明是不懂佛法。中華中土的佛法與印度的不同，根本就是兩回事，這方面後面詳論。在此先講中華文化起源，整個華夏文明體系怎麼來的，明白了這個根才會有興趣去學習。現在很多學者研究國學都是片段，不是整體。應該在整體的基礎上，再去研究細節，整體尚未梳理，就直接研究細枝末梢，那就是管中窺豹。所有研究國學、華夏文明、傳統文化的學者們，一定得先從整體入手，在整體框架下再研究細節片段，這才是正確的過程。我的師父傳授我的就是最難能可貴的整體框架，所以在此所講的國學都是整體，不僅僅包括儒釋道、教育、陰陽、兵法，而且包括各方面、各領域的共性。

我們的華夏文明不是累積來的，不是伏羲氏、孔聖人所創造的。那是怎麼來的？是上古神人所傳。人們平時完全不去思考，但其實文明和每個人息息相關。想想你會發現，人們每天被事務推著走，如同行屍走肉，不知道自己做的事有沒有意義，不知道做得是對還是錯，或者感覺對就去做，覺得不對就不做。也許你覺得自己是好人、善良的人、修行的人……但如果基本的文明概念都不清楚，其實根本就不知道什麼是善。

不知道善惡的標準，則每天渾渾噩噩，以為做的事都是對的，只是憑感覺，覺得項目挺好就投資了，結果發現是個導致虧損的大陷阱，被人騙了，這是為什麼？因為沒有掌握做事的規律，不知道本質是什麼。而智者一眼就能看到本質，因為他掌握規律，所以凡事能夠提前預警，才可謂智者。但即使是智者也不會明確的告知：「一個月後就要發生瘟疫，把握時間盡快做準備工作。」所有智者都不會那樣直言，只會點撥、點化，點到為止，提示將有劫難、提前準備，但不可能告訴你具體時間，即所謂天機不可洩露。但智者自己會提前安排好相應的準備，否則何以稱為智者！

《中庸》有言，「凡事豫則立、不豫則廢。」豫即預

測，做事之前，什麼都預測不出來，不知道事物發展規律，比如一個專案從何開始，經歷哪些過程，發展到什麼程度，中間會碰到什麼障礙，什麼都不知道就開始做，即使天天開會討論研究，結果往往真正一開始做就遇到大問題。誰知道會遇到新冠肺炎疫情！工廠停工、出口項目做不成了！然後只能解釋說遇到天災、不可抗力，沒人能預先知道。

事實上，真正的智者，天災也能預測出來，你相信嗎？這就叫「豫則立，不豫則廢。」然而，你只是用頭腦分析的結論，能符合規律嗎？為什麼中華祖先的智慧，學了就能運籌帷幄、決勝千里？連天氣的變化都能預測，甚至能主動讓天颳風下雨。有人聽了覺得難以置信、甚至害怕，認為這只是傳說裡的神仙，都是神話故事。但其實，中華老祖宗就擁有這樣的智慧，只是人們現在無法見到而已。沒有足夠大的福緣，掌握真正智慧的高人怎能在你面前出現？而且福緣不夠，見到了也會有巨大的恐懼，只感覺嚇死了，因而智者也不會讓你知道。

現在自稱為「智者」的人大多數是騙子，但是歷史上真正的智者太多了，漢唐以前比比皆是。三國時期就有多少我們耳熟能詳的高人，這些人並非神仙，而是掌握規律

的普通人。也就是說，只要掌握了孔子及鬼谷子等一類聖人教給後世的這套規律，普通人就能做到凡事豫則立，不豫則廢；就能運籌帷幄之中，決勝千里之外。現在碰到所謂有神通的，都是江湖傳言的所謂大仙兒，但大仙兒是時靈時不靈的狀態，真正碰到大事的時候就不行了。多數普通人則連大仙兒都遇不到，所見皆是江湖術士的魔術、障眼法，或者是專門騙人的布局。

老祖宗這套智慧非常難能可貴，是真的存在，只是現在掌握的人太少了。真正掌握規律的高人，得有大福緣才能碰到。然而，碰到了也需要具備慧眼方能認出來。真正大根性的人，碰到明師，捨棄身家性命都要一路跟隨。但跟隨明師談何容易，掌握真功夫的師父都有脾氣，不會天天對人和顏悅色，不知道會對徒弟有多少考驗。所以，真的遇到明師你能跟隨得住嗎？他可能就是讓你受委屈，就是冷落你、讓你背黑鍋，看你還能否堅定的信，不出幾次考驗你可能就被試走了。

中華民族想要復興，首先掌握真規律、真功夫的高人、明師，要從民間出來，要普傳、廣傳智慧。並且現階段就要打破師徒密傳的方式，讓華夏炎黃子孫人人掌握智慧，人人擁有力量，創造性和創新能力也越來越強大，如此中

華民族怎能不強大？然而事實情況又如何？都評價說中國人最聰明，但現今年代，十幾億中國人卻未出現一個像喬布斯、愛因斯坦、牛頓、特斯拉等，諸如此類真正影響人類生存和發展的人物；可悲的是十幾億人都在山寨，沒有創造性、創造力。因為現在中國人的力量被深深的壓抑著，祖先所傳的智慧與規律一點都不懂、不掌握了，只盯著西方學，所以才會全民山寨。如此怎麼可能富國強兵！永遠是人家的學生，人家也不可能把他們的精髓教給你，任何其他國家願意教給你的，肯定都是落後淘汰的東西。

任何民族、國家都必須憑自己的力量才能發展。必須擁有自己的東西，而後才能「師夷長技以制夷」。把自己的優秀文化根本不當回事，甚至全都當作糟粕扔了，天天想學人家的，卻還學不到真東西，怎麼可能復興強大！在一九○○年代，中國正是被動挨打、最弱、被全世界叫做「東亞病夫」的時候，西方心理學家榮格說過一句非常著名的話：「中國人最強大的後盾就是他們的傳統文化，一旦他們的傳統文化復興的那一天，中華就要崛起了。」

而現在有幾個中國人認同這句話呢？華夏文明的真東西都失傳了，太可悲了。我們中華曾經超乎現代人想像、高深莫測的醫術失傳了，只剩下一點中醫，也已經連陰陽

五行的基礎理論都不知道了。現在能明白解釋五行的人幾乎沒有，甚至陰陽、五行到底是什麼都不知道了。五行通了，一切都能用；五行不通，什麼都用不了！即使天天讀孫子兵法，如果不通五行，亦不可能讀明白。

不知道何為陰陽，不知道高維低維，不知道五行、八卦是怎麼回事，僅靠死記硬背書本怎麼能有用呢？就如同說研究風水的北都找不到，以為拿個羅盤、指北針就能找到北，如此做法就會被真正內行人戲稱為「找不著北」。也有很多人寫了很多國學書籍，全都是從古書照搬照抄，這哪是真正的傳統文化國學呢！如此這般，則中醫、風水為何時靈時不靈，自己都不清楚，那奇門遁甲就更不要說了，天地人、八卦九宮、八神八門都更不懂了。

那麼，書上寫的都是真的嗎？當然不都是，假傳萬卷書。普傳的內容可以寫到書裡，密傳的密法密術不可能寫在書裡。有些人為了書的銷量，號稱把很多密傳內容寫在書中，那些肯定都是假的，所以說「假傳萬卷書」，但是你能識別嗎？結果學後應用時靈時不靈。如果用在戰爭上，諸葛亮臨陣一個決策失誤，千軍萬馬的性命、千萬個家庭就都毀於一旦了。再比如在理財上，你有千萬美元用來做投資，而且研究了風水、奇門遁甲，覺得自己挺厲害，那

麼自己預測之後就把錢全投進去買股票，你敢不敢？江湖上那些預測都是給別人出主意，自己不去做，因為他們清楚知道時靈時不靈。

這一定不是真正的國學，中華老祖宗的真正的智慧嚴謹得很，那叫規律。這套體系都可以在聖人孔子的經典中清清楚楚找到出處。在此所講的，沒有一句是我自己創造的，所有一定都能在經典中找到出處，我一定是按照聖人的原則：述而不作。沒有我的創造，都是我的師父傳授給我，再經過我三十多年不斷歷練、不斷感悟形成體系，在聖山岡仁波齊明心見性、達到徹悟，而後全盤整合才有我現在這一切。但是我句句不離經典，不離《六祖壇經》、《儒學十三經》、《黃帝內經》等等。

我也希望世間的大師們，不要總說自己八歲開悟就可以寫書了。孔子都述而不作，你如何得知宇宙自然的真相的？自欺可以，但不能誤人子弟。所有國學、傳統文化，必須句句不離聖人教導、聖人經典。為什麼說「地獄門前僧道多」，就是因為很多僧道修行人好為人師，喜歡講經說法，但其實自己都沒搞清楚，沒有悟透。以為口出善言、教人行善，可以把人導向佛道，其實不然！不通陰陽平衡的至理，而僅是口吐善言很容易把人帶入魔道！自以為天

天在積功累德，結果卻下了地獄，後面還帶著一大批被誤導的人，這即是毀人慧命，罪莫大焉。

講經說法，可不是那麼簡單。人人都有好為人師的一面，都想講幾句，但是記住，沒到「悟」的那一天，沒有明心見性，又沒有明師指導，出口即錯。所以，不要以為自己勸人行善、不殺生，就是在積功累德，那只是你以為。

真正值得令人深思的事實在於，所謂「述而不作」上古聖人的智慧，是二千五百年前孔子述而不作更早的上古聖人的智慧。然而，二千五百年前識字掃盲率如何？普通老百姓能否做出一首《詩經》的詩？更不必講，孔子所言上古聖人，都是比孔子還要遠古的古人，識字率應該更不會高，文化水平也不高。那古時候的詩是怎麼來的？

歷史記載，是孔子采風散落民間的詩，彙編而成《詩經》。然而孔子一個人，雖然走遍十五國采風，採集了一萬多首詩歌，但那時又沒有火車、飛機，僅靠馬車能走多遠的路，能採集多少地方呢？由此可見，《詩經》中類似的詩歌當時遍布民間。那麼，這麼多的詩歌是由何人所作？是老百姓作的嗎？剛說了當時有文化、識字的人本就不多，老百姓為了生計，字都不認識，哪會作詩歌；而王公貴族也沒有幾個人有時間作詩。而現在如此大力掃盲，現代人

應該都是文化人吧？讀一讀《詩經》，現代人能讀懂嗎？能讀通順幾篇？可以說絕大部分現代人，一半的字都不認識。現代人的詩歌基本都是自我陶醉，與《詩經》的言辭優美、用詞深度，根本沒法比較。

由此，書前各位可以想一想，我們的中華文化究竟是什麼樣的文化，中華這套文明體系到底從何而來？在尚未有文字的情況下，中華大地怎麼能有這一套完整的宇宙自然規律的智慧？而可以看出，這套高明的智慧，當時的人普遍都有所掌握，而僅是被孔子著書總結出來而已。

第二章

華夏語言漸失神性
完整語調圓滿身心

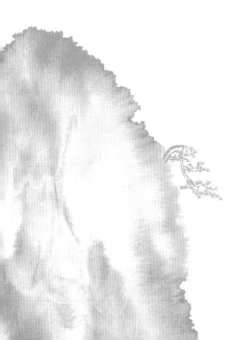

第一節

物質時代認假為真
規律人性不變神授制度可沿

　　孔聖人整理總結上古聖人的智慧，述而不作的同時，還強調要克己復禮，要復何禮？即恢復周禮。那麼，為什麼提出恢復周之禮，甚至是復周以前的禮？孔聖人生在東周春秋戰國時期，周朝馬上就要沒落了，當下人心不古，孔聖人為了教化眾生，提出了一整套教育方案；總結這些方法，是為了能夠讓爾虞我詐、混亂的人心恢復到純淨。人心不古，如果人人都為了小我，自私自利、物欲橫流，則天災人禍不斷，每個人都會加速墮落下去。生而為人，不能向上昇華，而是向下墮落，孔子看到這種情況很著急，於是向老子發問求教：「現在人心不古，我該怎麼辦？怎麼能讓天下人心歸正？」他從老子那裡得到很多教誨，後來孔子一生都致力於這件事。

　　周朝初期，曾經以國家的力量深入民間，蒐集散落在民間的上古典籍，這些上古文明遺留、倖存下來的，記錄上古文明實踐方法、科學體系的筆記，被編纂成《尚書》、

《山海經》、《連山易》、《歸藏易》等等典籍。

《周易》就是在這個基礎上逐漸形成的一部經典。包括前面所說的各部經典，都集中在周朝國家圖書館「蘭閣」中珍藏保存。「蘭閣」是當時國家最高圖書館，專門珍藏保存《易》這些古代經典，由老子掌管。老子當時就是周朝圖書館的館長，圖書館裡有大量的經典，周以前散落民間的資料，就是八大神山上、上古之神傳下來散落人間的科學體系，也正是因此老子才成為我們所知神仙似的得道之人。孔子拜訪老子，不僅是向老子請教，同時更是去圖書館翻閱典籍資料。

孔子能夠集大成，把上古文明體系、定理定律、包括宇宙規律總結出來，就是得益於八座神山所遺留下來、倖存下來的大量古籍，之後他才能把上古的這套體系落地於人間。夏、商朝處於半神半人混居狀態，而周朝的時候已經是人的時代。周朝延續接近八百年，初期周文王仍有些神的能力，但到了周朝末年，基本進入了人的時代。人的時代，特性就是物欲橫流，是物質世界的開始，與「天」即精神領域隔絕了。周朝末年的時候，人們已經差不多將神的高度發達文明世界遺忘了，與精神領域隔絕之後，就進入到了物質時代。

人的特性在於，做事都是為自己；看到、聽到的都是表面，無法深入宇宙；不管看自己，還是看宇宙自然現象，僅僅都是表面。「眼」有幾個層次，但是在物質時代，人們高層次的眼被封住，只剩下肉眼了。但肉眼是最低層次的，它是「有礙之眼」，看不到事物的本質。有礙，就是看前不看後，看左不看右，看表不看裡，看上不看下。看一切都被屏障著，只能看到表面，而表面都是假相。因此，人們的肉眼基本上被假相所蒙蔽，卻相信了這是世界唯一的真實。

看人也是一樣，總覺得我們能看透一個人，其實看到的是這個人的表相，「畫龍畫虎難畫骨，知人知面不知心。」這就是肉眼觀察事物的特點，這是最低層次的眼，已經墮落了，看不見宇宙的真相，看不見人的真相。

人的時代、物質時代最大的悲哀就是：認假為真！覺得眼見為實，而那是自己以為真實，其實不然。人這個時代的特性，也是人類時代的悲哀，就是被五欲六塵所沾染，執著於自己身體的感受，不斷追求五欲五毒這些生理感官刺激，不斷墮落，認為這就是真，這就是活著的意義；不知道宇宙的真相、人的真相，不知道還有昇華、還有心靈，不知道人體真正的結構是什麼，只能感受到最粗淺的表皮

和最粗糙的感受。表皮感受你知道，但身體裡面怎麼運行，身體由幾個層次組成，卻根本不知道。西方科學、心理學、醫學也不知道，都把最粗淺的人的部分，當成了人的唯一。

西醫解決不了人的問題，因為整體的研究方向完全都在物質層面、眼見的層面，只研究生理和心理的機能，這太膚淺了。比如新冠肺炎疫情，中醫力量逐步開始呈現。西醫只是透過吸氧解決呼吸困難的問題，抗生素也不敢打，打多了反而影響自身免疫力。這種病毒聰明得很，能欺騙免疫細胞，啟動免疫力，讓免疫細胞以為肺細胞是敵人，結果是讓自身強大的免疫系統去攻擊自身的肺細胞。

現在西醫要治瘟疫，必須研製出對症的疫苗。但不要以為疫苗研製出來就天下太平了，即使在動物身上實驗成功，在人身上也不一定有效，也可能出現副作用，而且有的疫苗副作用更嚴重。到現在，非典型肺炎 SARS 病毒的疫苗都沒有研製出來，為了救命，給人體打了大量荷爾蒙激素，副作用很大，倖存下來的人十分痛苦。西醫是就事論事，哪兒病了治哪兒，然而就算一年以後研製出疫苗來了，病毒很可能已經變異了，因為病毒變異的速度比疫苗研製的速度快多了。

按理來說，西醫如果能完全處理自然界的病毒，現在

不應該還有瘟疫。西醫確實制止了歷史上很多有名的瘟疫，比如天花、鼠疫，但卻制止不了新的瘟疫出現。因為病毒是會變異的，比人還聰明，人類再怎麼研究疫苗，也應對不了病毒的變異，西醫基本束手無策。此時，反而中醫發揮了效果，許多新冠肺炎治癒的病例都是透過中醫。也許難免有誇張成分，但是歷史上，中華大地每次大瘟疫爆發的時候，都是用中醫的方法，用老祖宗傳下來的智慧把瘟疫消滅掉。中國不像歐洲那樣出現十室九空、死傷眾多的大瘟疫，歷史上並沒有全國、全民族範圍的大瘟疫，都是在局部範圍內就制止了。

古時候，道士從山上下來，戰惡龍祛疫鬼；懂得中醫醫學的高人，在民間用中醫方法對抗疫情。這裡對西醫沒有任何貶低之意，我們只講文化、沒有任何政治傾向，也不是要評斷東西方孰優孰劣，只是做一下比較。無論東方西方，從古至今一定各有自己的優缺點，所有事物都要分兩面看。既然要交流，要讓大家瞭解真相，瞭解宇宙發展運行規律，以及人是怎麼發展運行的，就必須從古今中外舉例來說明。

我們清楚並認可西醫對人類發展做出的巨大貢獻。現在中國的平均壽命接近八十歲，而從秦、漢一直到中國

建國之前，中國人的平均壽命才不到四十歲，中國建國才七十年，平均壽命就已經接近八十歲了，這都得益於現代西醫。

當我說西醫好時，並不表示中醫就一無是處。西醫和中醫的思維模式、所用的手法、針對的深度，以及發展的角度都是不同的。不能說哪個好哪個壞，只是發展方向不同。但同時都是有必要的，最好的醫不能完全西化，也不能全盤中化，最好的醫是把中醫和西醫有效的結合起來。

當我們講文化，不斷做東西方比較，會得出這樣的結論：西方的文化體系和東方神授的文明智慧，不能說東方神授的就是好，西方是人為的就不好，絕對不能這樣說；同樣，也不能因為現在中國國力尚弱，各方面還不如西方，就說西方一切都好，中華的一切都不好。我們看問題一定要客觀，東方必然有其好，也有其不好；西方也是同樣的道理。

講授當下這套國學，是想和大家交流「道」。從道的層面，是看任何問題都是正反兩面看，這是一個模式，包括看人也是一樣。現實中，為什麼有的人看什麼都是嫉惡如仇，跟誰都是敵對，總是看人家不好的一面？任何十惡不赦之人，也必有人性的光輝點，絕對沒有一無是處的人；

同時，大善人、大菩薩也必有黑的一面，這就是陰陽太極，任何人都是兩面，這樣才能組成一個完整的人。

不僅看人這樣，看事也是這樣，這是中華老祖宗告訴我們與人相處、與物相處、與事相處、與大自然的相處之道。一陰一陽很客觀，古有古的好，今有今的好，古也有古的壞，今也有今的壞。不能因為現在科技發展、生活方便，我們就把古時的規律全都摒棄；也不能因為嚮往著上古智慧，就完全無視現今科學科技的發展。

前面說過，我們現在要克己復禮，但克己復禮也並非全盤復古。如果這樣理解就錯了，如果這樣極端表達，我也就不是修道之人。修道的人不可能修得那麼極端。那我為什麼一再講東方的好呢？矯枉還需過正啊！現在這些不肖的炎黃子孫，眼睛只看著今，全盤否定古；同時，眼睛全盯著西方，只看西方的優點與進步，西方的月亮都是圓的；看到中華就全是缺點和糟粕。這是現在的問題，所以本書開始，一再強調我們祖先的好、東方的好，就是為了盡量矯正大家的想法。

當大家真的接納了，認為我們這套神性文明大智慧是好的，西方的確是像野蠻人一樣的，只是一時強盛。到那時候，我就該講西方的體制、西方的醫學、西方的文明、

西方的哲學思想為什麼好，好處在哪兒了。現在不需要講西方有多麼好，因為在炎黃子孫心中，西方已經很好了。西方用兩百年，在科技、文化、教育等方方面面，對中華實現了精神領域的入侵。對西方的嚮往、西方的好，已經深植在每一個炎黃子孫心裡。所以，我沒有必要再說西方的好了。現在我中華 80% 的菁英已經跑到西方去了，剩下 20% 也預備著跑向西方。若是我再說西方好，若是中華的菁英全跑到西方，中華就徹底淪落、塌陷了，再也沒有復興的可能了。

所以我才開講祖先的智慧，講述中華這一套文明體系的由來。我一定要講深講透，讓大家真的能夠理解，讓大家對中華祖先的文明、智慧產生敬仰、敬畏，才能拾回民族的自信和自豪。

我是民族主義者嗎？明確告訴各位，我不是！我並不是民族主義老憤青。現在這個階段我允許自己是這麼表達，因為現在中華的民族主義情懷已經沒有了，尤其是在中國的菁英層。一個民族、一個社會和一個國家的真正發展，取決於菁英層。現在中國的菁英層都是一片迷惘，眼睛只知道向西方看，根本不瞭解祖先擁有何等智慧！根本不瞭解我們的文明是從哪裡來的。什麼都是西方最好，西方的

政治體制好，西方的科技先進偉大，西方的醫學是超前的，西方對宇宙自然規律解釋最科學，認為西方的一切都好！實在可悲……

現在我們從文字、語言結構、語音語意這些方面開始講，這是文化的基礎。後面會一點一點深入展開，包括西方的政治體制，別以為西方民主政治體制多麼先進，其實可以和中華老祖宗神授的、夏商周三聖時代使用的體制比較一下。提到夏商周，大家就以為那個時代非常原始，人人都穿著草裙，那是受到進化論的影響，是不對的。連達爾文自己都不認可進化論，他死前承認自己的進化論尚不完整、尚不可取，他所假設的三大證據沒有完全找到的時候，進化論是不成立的。

但是進化論仍然被利用了，現代人從小受的就是進化論的教育，進化論完全是西方邏輯思維帶來的結果，本身不是成熟的理論體系，只是被利用了而已。但是大部分人都在心裡種下了認知：我們是從猴子進化來的，是從原始人進化成為現代高智商的人。其實根本不是那麼回事。

黃帝、堯舜禹的時代，大禹是半神人，大禹建夏，定的國家體制是什麼？夏如何治理國家？商又是怎麼治理國家？直到周朝的時候，擁有已經非常成熟的治國體制。孔

聖人在周朝末年的時候，強調一定要恢復周初及周之前的禮制：禮就是最基本的規矩，制是各種體制，包括政治體制、法令法規。

為什麼孔聖人一定要從克己復禮開始教化眾生呢？用於教化眾生的這套體系，就是把遠古、上古的文明體系呈現出來，給大家解讀為什麼要這樣做。

孔子之後，秦始皇統一六國，建立了秦朝。秦始皇推崇法家韓非子，在位時期焚書坑儒，法家講究的就是維新變法、革命創新、與時俱進，法家最痛恨的就是僵化保守和復古。

秦始皇、商紂王、夏桀這些都是「聰明的」帝王。秦始皇不循古，不懂古制為何這樣定、不懂天道天機，就被法家的代表人物說服了。法家典型代表人物如李斯、韓非子，其實都來源於儒家，李斯和韓非子的師父是荀子，荀子是孔子的孫輩弟子。法家其實是從儒家分化出來的，但法家並沒有學透儒學，學得很片面。法家思想主攻應用，立功見效很快、與時俱進、改革創新、變法維新，實施起來立竿見影；但是，法家完成改革目標後，就應該馬上回到圓滿儒學，圓滿的治理國家，才能長治久安。

秦始皇沒按這套規律來，他兼併六國建立秦朝以後，還繼續實行法家思想，方方面面進行變革，直接導致秦王朝短短十五年就覆滅。一般所知秦朝滅亡的原因，不僅是修長城和驪山墓，也因秦始皇暴虐、不通人情；然而事實上，秦朝覆滅，是因為其不合「天道」。秦始皇不是暴君，反而是歷史上少有的寬宏大量、容忍之君，他並未對六國的貴族趕盡殺絕，也對打天下的功臣十分寬容，這些和現代人從歷史書上所學的基本相反。

　　這是有考古資料根據的，從秦朝的法規法令，到陳勝、吳廣起義的騙局，可以發現事情並非史書上所述。考古發掘出來的秦朝法令是非常人性化的，然而秦的歷史是漢朝史官寫的，漢把秦給滅了，能說秦好嗎？歷史沒有絕對的真相，反而虛虛實實，很多假相。所以我們學歷史，以古鑒今，得學明白、學通學透，歷史對你才有用。

　　歷史永遠是為政治服務的。我們真的要想學習，讀萬卷書，行萬里路，更要知道讀什麼書。所謂「假傳萬卷書」，的確有可能讀到假史，假的也都在書裡；而真理、真諦也在書裡，關鍵是如何從書中找到真金，真金永遠不怕火煉，真理一定在歷史中。我們講授國學就是要去偽存真，不能僅憑自己的感受對歷史發生的每一件事臆想判斷，這是不

負責任的。學好歷史，更是為了能指導幫助今天現實生活中遇到的人事物，這才是以古鑒今。

並且還要讓子子孫孫都知道真相，知道歷史的真實。不管在現實中遇到什麼事情，都要知道歷史永遠都是迴圈的，歷史是不變的，因為人性不變，宇宙真理規律不變。規律不變，則必是不斷迴圈運行；人性不變，也必是不斷迴圈運行；正因為這兩者不變，所以上古一切規律運用到現在都合適。這就是克己復禮，復古的真實意義所在。

我的治學原則不是人云亦云，也不是政府說什麼、課本上教什麼，我就跟從、就認同。我也不會盡信書，盡信書不如無書。何為智慧？智慧就是有自己獨立的判斷力，人云亦云談何智慧？要保持獨立性。大家看我的書，甚至聽任何課程，都要帶著自己的判斷。真正的明師必是帶領你找到自己，這才叫明師。而邪師就是讓你崇拜他，讓你離不開他、依賴他。

現在幾乎所有的培訓大師都是如此，站在臺上都在講他的經歷多麼悲慘，後面怎麼努力，終於成功了，讓大家學習。好多人三、四十歲就開始寫自傳出書，出書時還賣得挺火，過幾天卻進監獄了，馬上又全是負面新聞。所以對一個人，只有蓋棺才能定論。

聖人講究「述而不作」，即使是孔子，都沒有把他自己的經驗之談寫成書。春秋戰國諸子百家，對上古理論並不解讀，而是直接把原話寫出來，《道德經》、《山海經》、《易經》都是這麼來的，著者不敢妄加自己的注釋，直接原話往後世傳，只做收集、彙編、整合的工作，所有聖人都是這麼做的。

結果現在人人都成聖人了！中國人最信白紙黑字，從骨子裡信，但如果寫的都是自己的感悟，那是有漏的智慧，得誤導多少人啊！自己領悟的東西一定有不足之處、而且太多漏了，論述的人真的對宇宙規律都清楚嗎？尤其十二到十八歲的孩子，正是世界觀形成的時候，最容易受偶像的影響。而所謂偶像們寫出的那些書沒有高度，都是漏洞百出的理論感悟，膚淺的人生哲學誤導了孩子。

牢牢記住，聖人們永遠信而好古、述而不作。我們該謙虛一點，在上古高度發達文明的神人面前低下頭來。這樣才能成為引領眾生的那盞燈，才能一盞盞把眾生的燈也點亮，帶著他們沿著經典的天梯，走向昇華之路。這是現在智者應做的事。

現在好多人覺得中國的政治體制不好，西方的體制才好，向西方學就一定能變好。然而，西方那套東西是有其

文化的沉澱與鋪墊的，民主制、選舉制、公司股份制都是西方積累的，很適合西方，但並不一定適合中國，我們不是什麼都要跟西方學。西方千年以前是什麼文明？為什麼會產生股份制度和經理人？中華千年以前是什麼文明？為何中華沒有發明股份制？它符不符合中國的國情與人性？把西方的股份制完全照搬到中國實行，就會出現一堆問題，所以並不能全都照搬。

西方股份制源自於海盜文明，而中華是農耕文明，中國人要管理企業，得從中國人的人情和人性出發，學習我們古人祖先是怎麼做生意的，而且幾千年來做得非常好。現在好像很多人認為中國人不會做生意，全世界最會做生意的是猶太人，中國人也要用猶太人的經典學做生意。然而，幾千年前猶太人在哪裡？還散落於世界各地，那時他們還是最苦難的民族。中國人何需跟他們學？真正會做生意，而且幾千年前到現如今，一直懂得做大型國際貿易、而且做出了輝煌成績的，是中國人。

政治體制上，夏商周的政治體制最適合中國人。周朝的政治體制比西方的民主制更高明。周朝可以統治八百年，西方哪個國家的政權能穩定八百年？試想八百年要傳多少代帝王，就知道這可不簡單。

相對應，秦朝十五年就覆滅的原因，是秦始皇統一東周列國，建立秦朝之後，把周朝所有的東西都摒棄了。夏商周三聖時代，是按照神授的政治體制治國的，而秦始皇開始真正完全進入了人的時代，也就是物質文明時代。聰明帝王才是人間禍害，歷史上大智若愚的帝王，不輕易動古制的帝王，反而可以國泰民安。上無為，下才能自靜、才能安；上有為，下則禍亂叢生。「無為而治」是有其道理的，老祖宗已經將這套體制體系訂立好了，我們只需好好實行。

秦始皇夢想千秋萬代，因為他聰明，建立了很多豐功偉業；但也因為他的聰明，讓中華生靈塗炭。劉邦建漢以後，開始無為而治，恢復周之禮法，恢復周之體制。但漢朝也並沒有把周的禮制真正研究明白，到了後期還是想變。周朝的禮制體系，之後有機會要詳細的講一講。

我們談的是文化，而不與現在的政治體制作比較，因此研究政治體制也是從歷史文化和文明的角度來研究。有機會再將夏商周的政治體制，與現在西方的聯邦制、三權鼎立、民主選舉制，好好做一下比較。瞭解夏商周怎麼治理百姓、選賢任能？法律、憲法的基礎是什麼？周距離現在三千多年了，我們認真比較看一看，周那套政治體制現

在使用行不行？

　　有人一定覺得，三千年前的政治體制，放到現在怎麼可能還能用啊？怎能不與時俱進？難道復古要復到三千多年前嗎？

　　聖人為什麼述而不作，為什麼聖人的智慧體系最好用、最有效？因為天地運行的規律不變，一直重複迴圈著。三千年前的社會體制、宇宙運行狀態不變；人也是與那時一樣的人，只是現在比那時候更笨了。而管理體制是針對人心人性的，人心人性三千年來沒有變化，是亙古不變的；當外面的自然規律不變，裡面的人心人性不變，一內一外都不變的情況下，一切的制度、禮法都是可以延續的。這不是我說的，是孔子告訴我們的。後面講經典的部分，我會再講解孔子的這段話。

第二節

聲音中有大智慧
說話即可療癒圓滿

　　透過講解文字、語言結構、語音、語意、語象，大家已經瞭解上古語言文字不能扔，我們不能自作聰明，創造文字，以為這樣可以名留千古。事實上，所有在這方面想發明創造、名留千古的人都成了歷史的罪人。聰明人的聰明，不是真正的聰明，都是小聰明，更不是大智慧。

　　真正智慧的人，一定會通曉上古這套文明體系是從何而來，為何這樣制定，並與時俱進的應用在當下。不改其精髓，而只是調整外表包裝，讓現代的人能夠接受和適應，但骨子裡的精髓是不可以變的。

　　而文字呢？中國現在的簡體字已經與上古神性斷絕，其心、神、靈都沒了。1964 年以後，中國簡化了 2236 個簡體字，將日常會使用到的常用文字幾乎全改了。若有時間，將 2236 個簡體字，一個個的與正體字去對應，就能知道是不是心全沒了。這是毀滅我中華文明的一大陰謀事件，在文明史上、文化史上，這是罪大惡極的一件事，沒有之

一！就算蒙古元朝滅漢族江山，統治漢族的時候，也不曾做消滅文字之事。滿清入主中華，雖然有過文字獄，知道漢字寓意太多，害怕影射，殺了很多影射的人，但也沒有到消滅漢字的地步。結果現在卻把漢字都給改了，文字是中華文明的根基呀！

但是我相信，所有簡化漢字的人一開始都是好意，初心是好的，想讓老百姓多認點字，筆畫少點、簡潔一些，識字率提高一點；讓國家和民族盡快與世界接軌。魯迅、胡適、吳玉章、朱自清、郭沫若這些學者，不能說是他們故意毀壞中華文明。客觀來看，他們只是不理解漢字和文明對中華的意義。雖然他們都是學經典、經學出身的，但他們真的沒學明白，也真的不知道經學、經典中蘊含著多麼大的意義和內涵，簡體字有問題，但這並非要敵視他們。

推動簡體字的學者，認為中華上古文明是落後的，認為儒學是腐儒，應該被打倒，只是因為他們不懂華夏上古文明的奧祕。我們就事論事，不針對政府和個人。只有史達林那才叫陰謀，才是有意的。

前書中提過簡體字的字形，已經完全失去了表意、表象。接著來開始講一講漢語。語言就是說話、發聲。文明不僅僅是文字，還有語言。中國現在所用的語言，是否也

是秉承上古文明傳下來的語言，也是華夏神性的語言呢？現代語言的發展有沒有變化？現代語言和夏商周時、漢唐時是一樣的嗎？中華的語言又有什麼特性？和西方拉丁語有什麼不同，有沒有優勢？

曾經也有學者不僅想把中華文字改成拼音字母、拉丁文，還想把中華的語言改成英語。嫌中華文字是方塊字不好寫，嫌中華語言一個字一個字的蹦，不如英語說得暢快，想把我們的語言全面西化。直到現在，中國還有很多學者這樣呼籲，不停的提議一切都是西方好，全都要西化，我們稱這樣的人為文化漢奸。

中華的語言到底有什麼好處、作用和意義？中華文字是神授文明體系的根基，同時中華的語言也是上古時期一起神授而來。上古漢語的特色與文字一樣，神授出現時就極豐富、極完整，後來才逐步簡化到現在的樣子，其最美好的特色已經所剩無幾了。就跟我們的文字一樣，商時期使用甲骨文，那時的祖先能熟練運用接近一萬字，而至今僅破譯了一千字；東漢的《說文解字》裡有近一萬字，加上不常用的異體字，總計大概一萬一千字，而我們現代人，能將其中兩千字正常用於說和寫就不錯了。

上古時期文字瞬間極大豐富，而那時的語言也一樣是

突然極大豐富，夏商周時說出的話，與現代人說話相比，又有節奏、又有韻味、語調更多，既好聽又表達出極其豐富的含意。有很多考古證據都能證實，在此我不一一列舉，大家稍作查閱即可知道。現代的語言，跟夏商周時的語言比，非常貧乏，音少了、調沒了、乾癟無力、沒有韻味、節奏也不強了。

夏商周時古人如何說話，人們基本就沒想過，總認為那是語言學家研究的問題。然而，語言和文字是文明的一部分，語言和文字是經典的基礎。不懂語言結構，天天讀經典，要嘛讀不懂，讀出來了也很快會索然無味。因為，你不知道經典如何而來，不知道如此寫、說、讀有什麼意義。於是就摒棄了經典，看向西方，認為西方一切都好，去讀莎士比亞、亞里斯多德、尼采。

祖先的文明體系，你必須知道根源的意義在哪裡，好在哪裡。讀到這裡，對我們中華的語言文字有何感覺？應該瞭解了中華祖先的智慧多麼偉大，那不是人能想出來的智慧，不是人能創造出來的體系。我們的語言來自於上古文明、大洪水之前，是一整套完整的語言體系。在大洪水後，夏商周承襲運用了這套語言。

語言包括幾個基本要素：聲母、韻母、聲調。基本要

素不同的排列組合，形成語言的多樣化：發音、節奏，抑揚頓挫，是否好聽。符合宇宙自然規律，和人體真正相對應的語言才好聽。而有韻律，即語言與身體結構相對應。聲音是溝通、傳遞資訊最基本的方式和載體。同時，聲音本身也是一種震動波，這種震動波和人的身體結構、各個臟器的運行可以一一對應。音波有震動頻率，如果你音波的震動頻率和內臟、器官、心和靈，形成正向的頻率相應的話，你平時說話的時候，就是在療癒、修復、圓滿自身。

我們每天說話都在發出震動波，不僅自己的身體在震動，這種震動頻率也會傳遞。而音波的震動頻率才是真正講究的，有的人說話的聲音，你會覺得有磁性、願意聽，會聽得法喜充滿，不論這個老師講故事、講歷史、講醫學，哪怕很枯燥，你都願意聽；但是有的人張口說話，你就聽著特別難受，哪怕他講得再有道理，你也會藉口有事，就是不願意聽。

聲音裡有大學問、大文章。其實溝通中最不重要的是內容，當對方不願意聽你的聲音，也就是難以接受你發出的震動波頻率時，你講什麼內容都沒有意義；而當你發出的震動波頻率是正向相應的，讓人舒服、能修復、能圓滿的時候，講的內容再枯燥無聊，對方也都願意聽。所以，

文字有文字的智慧，聲音裡更有大智慧。

　　講到語言的聲音，還是要瞭解上古時都如何說話，發出什麼樣的音，是怎樣的語言震動頻率？不講你可能永遠都想不到，還可以從這個角度瞭解語言。說話也是有很多講究的！會說話，就事半功倍；不會說話，則事倍功半。甚至不會說話的人是做不成事的。哪個有成就的人不會說話？哪個商業領袖不會說話？領袖真正的魅力都是體現在聲音上。聲音就是力量，聲音發出去的頻率，是直接入心的，言為心聲。

　　你練過你的聲音嗎？如果你天天想要成功，成功最基本的要素，是得有人幫助你，而怎麼才能讓人助你？你必須得有魅力。但魅力僅僅體現在外表嗎？很多人長得很好看、「顏值」很高，但說不了三句話就讓人感覺膚淺，所有人都不願意搭理。要知道魅力到底從哪裡來！要想成功，就好好練習你的語言，把你的語言練到有節奏、有韻律、有氣勢，這是基礎。只要發出聲音，就能打入對方的心。所有政治家都是靠語言的魅力、語言的力量，來團結眾人的。

古代讀詩溝通深層心靈
恢復五調學習正統漢語

　　我們現在的語言、語音和口語是怎麼來的？上古用什麼樣的語音語調？又有什麼演化變革？現在說的普通話和上古說的有何差別？現在有沒有人能掌握上古祖先如何說話？這些問題，跟中華的民族變遷、國家興亡有直接關係。中國的漢語語音、語調經歷了三個階段：上古漢語、中古漢語和近古漢語。

　　上古漢語指的是夏商周，即華夏民族的語言，夏商周時期各地都有方言，同時也有官方的通用語，稱為「雅言」。沒有官方語言不可以，誰掌握著雅言呢，正是孔子。孔子是用周朝的雅言讀《詩經》的，我們現在讀《詩經》並非正確的讀法，五千年前人們真正讀《詩經》的語調和現在並不一樣。就好像現在讀唐詩，發現有些詩並不押韻，因為漢唐當時所誦讀的音調絕不是現在這樣，所以並不是不押韻。古人用上古漢語讀詩的動聽和韻律，是現代人難以想像的。

中國現在的文字喪失了神性，語言也喪失了神性。上古漢語的發音方式，現在還有跡可循，但它並不是普通話的發音方式。中國現在官方所用的普通話和上古漢語、中古漢語都不沾邊，並不具備神性。上古的語言、語音、語調和現在不一樣，是有節奏、有韻律的。

　　我並沒聽過，但是據史料記載，上古漢語有 19 個聲母、56 個韻母，現代的漢語只有 21 個聲母、39 個韻母；而且，上古漢語有九個調，現在只有四個調，就是陰平、陽平、上聲、去聲。算一下，上古時的聲母、韻母、語調，19×56×9 可以組合成 9576 個音節；而現在，21×39×4 只能組合成 3276 個音節。英語則是 20 個母音，28 個輔音，一共才 560 個音節。從上古到現在，我們已經損失了三分之二的音節，也就是說現代人誦讀《詩經》，比上古之人蒼白了大半，韻律感和節奏感連上古的一半都不到。

　　試想一下，上古之人讀《詩經》有九千多種音節的變化，多麼優美動聽！上古語言文字，一出現就是一套極其完整的體系，社會不斷發展，人類卻不斷的退化，文字退化了，語音語調也退化了。

　　上古和現代之間的過度時期，就是中古的漢語。中古漢語指秦、漢、唐時期的語言，在上古漢語的基礎上有了

變化，聲母增加，韻母減少，語調也減少了。中古時留下一本著作，即宋朝時代編纂修訂的《廣韻》，記錄了漢唐時代所用的聲調，上古夏商周時九個調，漢唐時期變少了，為五個調（陰平、陽平、上聲、去聲、入聲），現代則只剩四個調（陰平、陽平、上聲、去聲）。外國人說漢語，只有音節和重音，沒有語調，所以聽著很可笑，所有音都是平著說。漢語有聲母和韻母，拉丁字母文字語言也有母音和輔音，然而語調只有中國有。

語調非常重要，它左右著語言的震動頻率。從上古九調到漢唐五調，都並未脫離大道的規律。九有九的對應，上古九調對應人的九種頻率；人有九竅，聲就有九調。人和聲調相對應的意義，以及如何對應，屬於密傳內容。漢唐的時候則是五調，五調對應人體五行，每個調的變化和人體五行是密切對應的，一個也不能少。少於五個調，發出的語言頻率和五行對應不上，就會有缺有漏，就是亂的，會影響我們的身、心、靈、智。語音震動頻率上，五調和九調對應的深度不同，五行是表層對應，九竅則是深層對應，直接關係到心的昇華，關係到靈體的圓滿修復。

上古之神創造任何東西，是完全瞭解身體和心理的構造發明出來的，都講究符合自然和人類身心靈的發展規律，

而不是人一拍腦袋創造出來的。

　　現在的西方文字是人所創造，是西方各民族融合、累積而來，且還在累積中。它被創造時不知道自然和人體的運行規律，又是各種族的語言混雜，互相影響慢慢穩定下來，根本不是掌握宇宙和人的身、心、靈發展規律，對應發展出來的語言。

　　五調對五行，九調對九竅，中華的老祖宗太厲害了！漢唐時，五調還符合五行的大道運行規律，但五調已經比九調落後，是秦始皇人為簡化的。書同文，秦始皇統一了文字，這沒有問題，但是他當時並沒有統一方言，基本上中華有七大方言：官話、吳語、贛、閩、湘、粵、晉七種方言。到了漢唐時，五調配五行，就比九調配九竅來得淺了。為什麼說淺？因為要知道人體有幾層，《黃帝內經》告訴我們，人體粗略分為五層，由淺入深有五個層面：意、精、神、魄、魂，層層深入；而更細分的就是九層。

　　語言的震動頻率，就和我們人體的五層、甚至九層相關，九調直接和最深層的心、魂及更深層相對應；但是五調基本只和五層中的「神」相對應了，震動身心靈的深度不同，調理的深度就不一樣。而我們現在只有四個調，到不了「神」那層的深度，只是在意識層面震動。

人體的「五層」具體是何意？我們現在看到的、感受到的身體是分子結構，分子結構這一層叫「意」；再往下更細微是小分子結構，無數小分子組成了分子，而小分子結構我們的肉眼就看不見了，顯微鏡也看不見了，這一層是「精」。「精」這一層比分子層更精微，而西醫解剖和儀器能查知的只到分子這一層，也就是「意」層。所以西醫只能針對「意」這一層做文章，而其實「意」這一層出現的問題，來自於更精深的小分子「精」層。若再往下細分，即為構成小分子的原子，原子層就叫「神」層。

為什麼中醫療法比起西醫來，更加不可思議？因為經絡、穴位、脈絡是現代西醫觀察不到的，西醫的儀器只能觀察到分子層，也就是「意」層。目前，沒有儀器能觀察到下一層的小分子層，也就是「精」層，而脈絡、經絡、穴位、臟腑，並不是指西醫解剖學的身體器官，都是在更細微的「精」層。中醫的針灸、推拿、按摩等，都是在調理「精」層。在此我只能做大概的講解，但真感興趣的聰明之人，應該已經可以悟到很多了。

我們老祖宗留下來的語音、語調對應身體的層面，精深的是一共九層，粗略的是五層，中古漢唐時是五調對五層，上古夏商周時是九調對九層，不得了呀！如此，能理

解讀《詩經》是在做什麼嗎？讀《詩經》就是跟我們身體最深處的身心靈在溝通，用相應的頻率震動在修復。每一首《詩經》都是一劑良藥，都是將你帶向圓滿的階梯。

孔子六經《詩經》、《尚書》、《禮記》、《樂經》、《周易》、《春秋》當中，以《詩經》為首，這是聖人運用語音語調調整身心的方法。《詩經》三百首詩，是孔子采風十五國收集篩選而來的，那是至寶。孔子天天用雅言來讀《詩經》，是和自己身體的最深層在溝通。所以孔子說：「詩三百，思無邪。」為什麼讀詩會思無邪？把最深層的身心靈魂中的不正之氣震盪出去，一身正氣，一切的邪氣都被清掃，一切的漏都能補上，《詩經》太不可思議了！

那麼漢唐的時候，漢語還是完整的，從什麼時候開始，五音少了一音，變成四音了呢？就是從元的時候，這要講到1279年，蒙元滅南宋，這是漢族第一次被外族徹底征服，不僅征服了漢族的肉體，也改變了中華的語言。元把他們的蒙語，即北方語系帶過來，讓中原子民學習。從此以後，漢語的語調就不全了，語言有漏了，就失去神性了。

中華文字可以恢復到正體字，那我們的語音語調怎麼辦，還能恢復嗎？在此告訴大家，完整的上古漢語音調，還存留在中國南方方言當中。

蒙元為了滅南宋，展開了六十五年的戰爭。這六十五年中，北宋已亡，大金在北，康王趙構逃到杭州建立南宋，隨後元攻打南宋。宋、蒙、金連年交戰，中原地區戰亂不息，生靈塗炭、屍橫遍野，千里無人、十室九空，中原漢族子民幾乎被斬殺殆盡。一部分南宋菁英士大夫跟著逃到杭州，這部分菁英士大夫掌握著語言文字到了江南，將上古流傳下來的那套語言文字系統帶到吳地，形成了現在上海、杭州一帶的江南方言。

　　後來蒙元一路趕殺南宋皇帝，這些菁英也繼續沿海向南遷移。上百萬民眾跟著南宋小皇帝向南方跑，那是中華當時的菁英階層，誓死不降。過程中有些人跑不動了，就找安全之地安家落戶，從而形成客家人。客家人的來歷，就是南宋末年從中原遷到吳地，再由吳地南遷至福建、潮汕地區落戶的南宋菁英。這些客家人的方言就是上古的語言，也就是漢唐時代五調漢語。

　　最終，有一部分人一路跑到了廣東崖山。期間中華菁英一路散落，變成了客家人，因此客家話、福建閩語、廣東粵語都帶著古音，有五個聲調，比普通話的四聲多了一個入聲，客家話和粵語才是接近上古、無缺無漏、比較完整的中華語言。

中華民族真正的普通話，其實不應該是中國現在所說的普通話。現在的普通話是從清八旗的滿語演變而來的，是有缺有漏的語言。真正的普通話，應該是粵語或客家話，那才是中華老祖宗真正的語言、語音、語調。

其實很好理解，大家本來都覺得粵語歌特別好聽，因為有韻律、五音全，對應五行完整。而粵語念《詩經》就和普通話念得不一樣。所以在此呼籲，我們的語言要提倡恢復粵語、恢復客家話，學習用粵語讀古詩。

當年中共建國時，也曾開會研究七大方言如何統一。兩派學者相持不下，一派代表北方語系，一派代表南方客家語系，毛主席、周總理和老帥們無論北方語系還是客家話都不說，兩派學者們各執己見，爭執不下，最終投票決定。但是在投票時，一個南方語系的教授臨時出去上廁所，正好少了他的一票，結果以一票之差北方語系取勝。歷史有時很可笑，如此北方語系就成為了現在的普通話。

因此，我們的語言也有恢復和補救的機會，無需自慚形穢，我們還有正統的語音語調存在，即是粵語和客家話。只要有機會，我們及子孫都好好學習粵語，就能恢復神性的五音漢語。

第三章

文字語言深入內心

燈燈相續重燃智慧

第一節

繁體漢字難學是錯覺
《詩經》如咒神奇思無邪

　　中華語言文字經歷上古、中古、近古三個階段，從九調變為五調，元以後至今僅剩四調，現在的漢語已經有缺有漏，不是完整的神授語言文字體系了。

　　在這裡，我再次呼籲恢復正體字，自五四運動提出漢字拼音化概念，1964 年中國實施簡體字，到現在經歷了半個多世紀。使用簡體字過程中，我們發現了諸多問題，簡體字的實行並沒有發揮讓中國人識字率更高的作用，反而使中華文化底蘊和內涵受到更大的影響。我們好好研究一下，比較一下簡體字和繁體字，你就會發現，簡體字其實有礙於我們對語言文字的認識。不是因為筆畫少了就降低了識字難度，反而由於簡體字的推行，增加了識字的難度。

　　簡單說，有部分文字方面的學者認為，漢字方塊字的筆畫越少，記憶難度就越小，就更容易識字。而實行了半個世紀後發現這是個錯覺，祖先的文字看似繁複，但因為其結構可以表意、表象，學起繁體字來並沒有那麼大的難

度。在最基本的五類筆畫基礎上，字根相加，再有偏旁部首，組合起來就是一個字，看似筆畫多，其實識字並不難。而簡體字的單體字很多，其中還新創造了不少字，反而增加了認識難度。

　　新創的字表不了音、表不了象、表不了意，比如農民的「農」字，繁體字由上下兩部分組成，上「曲」下「辰」組成農字。其實認識這個字非常簡單，當你學會歌曲的「曲」，又學會了晨的字根「辰」，要寫出「農」就很簡單。每當寫這個字時，就有一幅畫面景象出現：一個農民迎著清晨的朝陽，高高興興的唱著小曲兒去田間耕作。這樣一下就記住了，根本不需要死記硬背。現在的簡體字「农」字，是簡化漢字過程中創造出來的，它既不表形、又不表音、又不表意，學習時反而還要硬記一個新字，臺灣、香港人是不認識這個簡體字的，因為是人造的。包括現在很常用的「我」字，都是後來人造的，屬於異體字，本來是稱「吾」，現在變成了「我」。

　　文字語言，每天都要讀寫使用，它直接涉及到我們的集體潛意識，每個字的發明創造也直接影響我們的集體潛意識。1964 年參與簡體字發明的人，以及中國政府做簡化漢字決定的人，不是努力讓中華文明向前發展，反而是對

整個民族造了大業，這可不是件簡單的事，不管初心是否良善，都是造了大業。

上古時期高度發達的文明，有一套完整的語言文字傳承體系，非常成熟。我們既從文字角度，同時也從語言角度，講授這套文明傳承體系。四大文明古國都有自己獨特的文字，但是也有共同的基本特點，即都是象形文字，古埃及的聖書文字、古印度的印章文字、古巴比倫的楔型文字都屬於象形文字。

華夏文明成熟的文字語言體系中，不僅有象形文字，也有語言溝通系統，即中華語言的上古漢語、中古漢語和近古漢語、一直到現在的普通話和七大方言，都是一套配合文字系統的語言體系。古印度的語言系統「梵語」它既有一套文字，又有一套發聲系統。這套古印度高度發達文明傳下來的語言文字體系，其實跟華夏的語言文字和讀音方法異曲而同工；包括古埃及、古巴比倫亦然。

後來，古印度梵文也失傳了，現在都是語言學家在研究。現在的印度文字、印地語都是後來融合、創造的。古印度、古埃及、古巴比倫現在都消失了，四大文明古國只有中華的上古語言文字保留到現在，雖然變形了，但是一直在使用著。這就是華夏文明一路傳承下來，最難能可貴

之處。

古印度的梵文，現在還有一點留存在佛教的經典當中。佛教經典都是梵文翻譯或直接引用過來的，它的發聲其實和上古漢語很是接近。梵語發出的聲母、韻母、聲調都接近於完美。所有的佛教咒語都是從梵語直接引用過來的，不翻譯，直接引用。

佛經咒語都用梵語來讀。咒語裡面蘊藏了神秘的知識，效果也特別神奇，但是你得會用。比較耳熟能詳的《大悲咒》和《六字大明咒》還有各種咒語，為什麼有這麼強大的威力，這麼神奇呢？既能消災解難，又能改變命運。中華自古流傳一經一咒，《金剛經》、《大悲咒》，非常神奇、特別靈驗。我們研究語言一定會涉及咒語，修行人中很多法門、法脈都是從修咒語入門起修的。寺廟裡每天早課，都要念誦大悲咒等咒語，一直流傳到現在。

很多咒語都是梵語直接念出來的，印度古文明傳下來的梵語，通過宗教形式留傳了一小部分，民間基本已經不用了。梵語是特別完美又古老的語言，和華夏上古漢語是同一時代的。那個時代的文字語言、溝通系統都是神授的體系，非常完整，但只有中華傳下來了。所以，我們更應該珍惜愛護中華這一套文字語言傳承體系。

中華的古漢語有19個聲母、56個韻母，再加上9個調，這一套上古的語言溝通系統趨向於完美，語音語調十分神奇。被用於念誦咒語的梵語也很接近，聲母、韻母、語音語調基本相似。咒語的神秘作用，是因其音節節奏會發出一種強大的震動波，強大的震動頻率不僅會改變我們的身、心、靈、智，而且真正會運用咒語的人，甚至可以左右、掌控、運用宇宙自然的力量。

　　咒語現在大家都在念，但怎麼用卻不會，因為應用的鑰匙失傳了。古代用咒語祛病、祛瘟疫、破災、轉變命運、達成心願，比比皆是。咒語如何起作用？這個議題本身就是一套高深的體系，裡面有很多的知識、理和規律需要學習。現代西方科學並不認同咒語，他們不懂咒語的發聲機制，必須把其機制研究清楚，機制和效果皆可複製，西方科學才會認同。

　　但是由於西方的科學和儀器，再怎麼發展都難以達到能夠解讀咒語的程度。就像中醫的經絡、穴位，針灸可以起作用，現代西方醫學的發展水準，卻根本不知道其作用的機制。國際高端的醫學儀器只能觀察到分子結構的身體，然而那是人體最粗淺、最表層的階段。人體粗分有五層，再細分有九層，現在西醫只能瞭解第一層的表皮，再高深

一點就做不到了。即使再過一兩百年，西醫也沒有希望發現經絡穴位、咒語怎麼在人體起作用，因為西方現在科學科技的發展方向，與大道背道而馳。

咒語有什麼功用？發出強大的聲波、共振的頻率，這是咒語最淺層對身心靈的作用。「六字大明咒」有音節、有聲調：「唵（ōng）嘛（ma）呢（nī）叭（bēi）咪（mēi）吽（hōng）」。只要經常念六字大明咒，不用管是什麼意思，不必解意，只需按照梵語發音直接念就好。去感受，念著念著就會起作用。

大悲咒是中土唐密的一部分，也是最靈驗的咒語，「世間八萬四千種病，悉皆治之、無不差者。」大悲咒用來療癒、破災、鎮壓、降服是最厲害的。大悲咒也是梵語，只需要信它、念它，對人的作用就非常巨大，非常神奇。千年以來，念大悲咒、修大悲咒而靈驗的人和事，比比皆是。如果想知道為什麼那麼靈驗，得把咒語的機理都講明白，然後再把應用方法教給你，你才知道咒怎麼治病。也就會明白咒並不是迷信。

這裡為什麼談到咒語？因為要把印度上古傳下來的梵語和中華上古語言做比較。大悲咒念出來抑揚頓挫，特別有氣勢，音節、聲母、韻母、聲調，都帶著上古傳下來的

力量和內涵。大悲咒八十四句完整念起來，音調、韻律、節奏都無比豐富，古人就是這麼說話的，聽起來像唱歌似的。

再看《詩經》，如果我們用上古的漢語讀《詩經》，基本就是這個音調。然而，現代中國人不一樣了，說話乾癟、枯燥、缺乏韻律。現在中國的普通話是北方官話，是從滿洲傳過來，清朝時的北京話。客家話是上古傳中古、中古再傳近古的南方語系，北方語系和現在的粵語、客家話等相比，語音語調是不一樣的，少一個調。所以，中國人現在說的普通話很乾癟，沒有韻味。

而咒語中，就留存了上古文明所傳的語言體系，蘊藏著語音、語調以及應用方法等等一套完整體系。梵語的文字語言體系和華夏傳下來的基本相似，都是神授的。神使用的文字是象形文字，語言都是立體的，抑揚頓挫，必有很深的道理，我們不能用現代人的思維思路去發明語言、發明文字。

用梵語的六字大明咒和大悲咒作為範例，大家就可以感受華夏上古漢語念誦起來是什麼韻味！語言本身就帶著巨大的能量。孔聖人用上古漢語，周時的雅言讀《詩經》，只是誦讀不必管含意，就能達到「思無邪」的效果，神奇

得不得了！只是用雅言讀《詩經》，不僅清理、修復了身體，還能起到身、心、靈、智昇華的作用，這就是華夏上古語言的力量和神奇。漢語本身就帶著力量，就是這麼神奇，完全不同於西方拉丁語系的發音方式。說漢語發出的聲音同樣是立體的、全息的、有節奏、有力量，有極強的穿透力；本身就有各種療癒作用和修復作用，而且能使身、心、靈、智都昇華。

所以，所有傳統文化的愛好者們，要研究國學、研究傳統文化、研究經典，一定要先從語言文字開始研究，再進入經典的殿堂。語言文字同樣博大精深，好在中華自上古語言文字就是一脈相承下來的，雖然我們現在已經離道甚遠，但畢竟大的方向、框架沒有變。我在此做這樣一個解釋：我們的咒聲一起，大悲咒消災、祛病、開智、增益、驅邪、轉命，這些都不是迷信，而是有科學道理的。如果要解釋大悲咒為何會有這麼多效果，我會用西方量子物理學、腦神經科學和心理學知識，可以解釋得清清楚楚。只是因為涉及密傳內容，僅針對弟子傳授，在此我先指一個方向，大家可以按照這個方向鑽研。

第二節

兩套系統保障文明傳承
文言文消亡是文化浩劫

　　現在著重講一下華夏文明的書面文字系統。中華祖先把文字與口語分開，中華的文字溝通系統和語言溝通系統是兩套系統，英語是怎麼念就怎麼寫，兩者是同一套系統。為什麼中華祖先要創造兩套系統呢？文字是構成書面用語的基礎，文字溝通系統在古代叫「文言文」，文言文寫作和現在語言溝通系統完全是兩個概念，我們的經典都是文言文。除了經典，古人寫散文，如范仲淹的《嶽陽樓記》、陶淵明的《桃花源記》都是文言文，不是用白話寫的，也不是用他們的方言寫的。

　　有人認為這樣太麻煩。百姓得專門學一套文字系統，再學一套語言發聲系統，不是太麻煩了嗎？現在就要講一講，為什麼中華上古傳下來兩套系統？而且，全世界只有華夏文明是將文字和語言分開兩套系統，其他國家和民族都沒有這麼做的。

　　華夏文明和上古另外三大文明古國一樣，文字語言系

統，都是來自大洪水之前的上古高度發達神性文明體系，史前文明都一樣，是文字和語言分開的兩套系統。為何如此？這是僵化腐朽、封建社會殘留的遺物嗎？那麼艱澀難懂，為什麼還要分成兩套？

1919 年五四運動，學生們發起「新文化運動」，以胡適為首，推動廢除文言文，改用白話文，寫文章全都用白話。他們認為這是先進、是打破封建的枷鎖，是革命，革了封建、腐朽、僵化的老祖宗的命；其實，他們革的是華夏文明的命，革的是傳統文化的命。這在歷史上從未發生過，卻在 1919 年發生了。現代這一輩中國人已經不會寫文言文了，連看都很難看懂了，而白話寫作的作文，無非就是那幾個要素：時間、地點、人物、事件。

甚至 2012 年時，中國國家教育部正式發文宣布，高考中學生禁止使用網路語言，禁止使用文言文，禁止使用繁體字。如果用了文言文、繁體字，考試成績判為零分。中華的文化文明，很有可能就毀在我們這一代手裡，但這代人還以為是在為文化文明發展做貢獻，非常可悲！

是不是因為不學文言文就看不懂經典，所以得重拾文言文？並不僅僅是這個意思，首先得要瞭解，中華上古文明為什麼把語言和文字分開？為什麼一定要用兩套系統？

這些理清楚了，就知道為什麼學文言文了。

　　首先，語言的特性是隨著地域、時間的變化而變化的，語言本身沒有非常穩定的形式。地域不同、時期不同，口語語言是會變化的。現在我們聽不懂上古漢語，假如我們碰到一個唐朝的人，他說的口語我們能聽懂嗎？反之，現代人說話，宋朝人能聽懂嗎？時期不同則語言不同，所以上古人聽不懂近古人的話，近古人聽不懂現代人的話。口語的變化是與時俱進的。

　　隨著不斷的認識宇宙世界，會有很多新生事物。每一個新生事物出現，就需要命名。漢語命名有明確的規則，不會像英語一樣隨意命名，沒有規則可言。漢語給萬物命名的規則，最基本要遵循「取象比類」的規則，將事物分門別類，要先依照跟它們相對應的「象」，而後通過比類，把萬事萬物分成五大類，即按「木火金水土」五行分出五大類，命名之前先有分類，然後再根據事物的形、象、意取名字，這是最基本的規則。另外還有很多的細節規則，這裡就不一一細說了。

　　所以，語言會不斷的與時俱進。倘若我們跟古人說：「把電腦拿過來。」古人聽不懂什麼叫電腦，因為那是新生事物。事實上，千年以來，隨著地域變遷、時間發展，

隨著對宇宙世界認識的不斷變化，我們的口語一直都在改變。

是否有什麼不應該變？聲母、韻母、以及聲調，這些不應該變。但後來它們還是變了，中華語言經歷了兩次最大的變化，一是秦始皇時，九調變成五調；二是蒙元入侵中華、忽必烈統治以後，又減少了一調。兩次都是外力使中華的語言出現大的變化，否則，漢語 19 個聲母、56 個韻母、9 個調應該都不會變，現在還會流傳使用，只是字、詞、意思不斷更新換代，不斷有新詞出現。而新詞只是單字的組合，所以沒有新字，都是新詞。三千個漢字已經足夠我們不斷組合，給新生事物命名了。漢字不用增加，但可以有無數的新詞產生，如此並不增加記憶負擔，這就是老祖宗的偉大之處。

口語本身的問題，就是總在變。如果文字記載用當時的口語記，就會出現後人無法看懂的問題。現代人根本聽不懂當時的口語，也一定看不懂用口語寫出來的文章，只知道字的意思，但文中含意是什麼卻無法明白。這是時間軸概念，因為語言是隨著時間變化而變化的。

況且，語言不僅根據時間變化而變化，也會根據地域不同而變化。從地域概念來說，同一個時期中，多種方言

裡如果只會一種方言，相互之間也很難溝通。現代中國有八大方言：普通話（官話）、吳語（上海話）、贛語（江西）、閩語（福建）、粵語（廣東）、客家話，湘語（湖南）、晉語（山西）。只會官話的北京人到了上海，能聽懂上海話嗎？到廣東，能聽懂粵語嗎？這就是語言本身在地域上的局限性。如果把口語變成文字，不要說古代口語一定看不懂，現代口語也可能看不懂。比如，現在看廣東或香港的粵語雜誌，就非常難看懂。這樣，不僅語言溝通有問題，書面溝通更有問題。

所以，中華上古祖先為了應對語言的不斷變化，在一開始的時候就直接把這個問題解決了：把語言和文字分開。文字就是一套穩定的文言文系統，語言則是另一套可變的口語系統，語言和文字徹底分開，互不干擾。中華上古就有文言文用書面流傳下來，語言則有各時期、各地域的方言，便於大家即時交流，便於同地域的人交流。而整套文言文體系，每個字是什麼含意，每個詞語是什麼含意，語法結構、語序，都是一成不變的。

對古人而言，「有知識有文化」不是看你說話，不管你從哪個地域來，不管你操著什麼方言，都要統一學這一套文字體系。文字所代表的含意、語法結構，包括讀音，

都是規範好的。而學習和使用這套文字體系的人都叫讀書人，不管你來自大江南北，說什麼方言口語，只要落筆寫文章大家都是統一的規範，而且這個規範千年不變、亙古不變。

這樣就能保證，所有文化人的思想都在文章當中保留，都在經典當中傳承，而不是口語化的。這樣，華夏文明的傳承不僅僅通過口耳相傳，還能保證藉由文字經典一代代傳承下來。一萬年以後的子孫，捧起先祖的經典，直接就能讀懂原意、理解原意，而且把思想的昇華和提煉再落成文字，繼續留給後世的子孫。

就算再過一萬年，只要這套規則不變，中華經典都能流傳下去，不受時間、地域影響，不受口語變化的影響。這是中華老祖宗傳承哲學思想、傳承宇宙自然規律，傳承真相、真理的一套難能可貴的體系。真的太神奇、太完美了！

然而，當代不肖的炎黃子孫，以革命的名義，把這套體系徹底扔進了歷史的垃圾堆，導致我們與經典隔絕，也導致後世子孫與經典隔絕。現在寫任何文章都是白話文，然而，深刻的思想能從口語式的白話文裡呈現出來嗎？我

們的古文、文言文都是以字為基礎，以字為單獨的整體，字與字相疊成詞，進而成句；一字、一詞、一句體現的是立體的思想，博大精深的資訊就在幾個字上，不同排列組合就能呈現出來，簡潔幹練，內涵深刻。

現在用白話文寫文章，一萬字的白話文都不一定能表達文言文裡三、五個字的深刻含意。更要問的是：白話文怎麼流傳？當口語變化了，過一百年、兩百年，白話文還能流傳下去嗎？後人能看得懂嗎？將那套穩定的文字傳承體系打破變成了口語，等到口語變了的那天，文明文化如何傳承？這讓研究中華文化的人痛心疾首啊！天天想著把老祖宗的東西改掉，覺得自己聰明，要改變老祖宗的腐朽落後，你真的是在創造歷史嗎？是在拖歷史的後腿！自以為是的聰明，反而是愚蠢的表現。你以為是在造福，其實你是在作孽。

上古文言文的歷史，是當發現有文字的時候，就有了這一整套的文言文體系。比如商朝甲骨文裡，那些單字組成的詞語及片語，都是嚴格遵守著古文言文體系的，再往前追溯，堯、舜、禹的經典名句也都是。而現代中國人越來越不會用文言文了，即將徹底變成真正意義上的文盲了。

不要說會寫漢字就不是文盲，你是會寫漢字，但你知道漢字書寫的結構體系和規則嗎？

其實，我們都是文盲！現代人對上古整套的文言文結構體系，字義詞義根本都不懂了。古代判斷一個人是不是文盲，不是看識不識字，而是看能不能讀懂文言文體系結構，看會不會寫、會不會用文言文。從這個意義上講，我們現在的中國人無一例外，全是文盲。

很多現代詩人作家，知道詩的規則是什麼嗎？什麼叫詩？詩是文言文的精髓、濃縮的菁華，一句詩能表達出無比深刻的含意，看看經典之首的《詩經》就能瞭解。而現在所謂的詩人，寫出來的是詩嗎？郭沫若最戮力宣導白話文，看他寫的詩令人哭笑不得，「偉大的水，氫二氧一」、「毛主席賽過我親爺爺」；記得小學的時候，曾學過一首詩：「遠遠的街燈明了，好像閃著無數的明星。天上的明星現了，好像點著無數的街燈。」這就是現代文學泰斗寫的詩。

這不是要諷刺某人，是要說現代的一種現象。中華的文明、中華的文化，如果再不挽救，將在我們這一代徹底消亡。我們這代人中，還有一小部分能看懂古代諸子百家的經典；我們的下一代與經典就有距離了；再過一代，我

們孫子那一代將徹底看不懂經典了。這就是新文化運動、新民主主義運動帶給中國的文化大劫難！在中華歷史上，從來沒有如此強烈的劫難，秦始皇焚書坑儒都不及此千分之一。

第三節

言文分離文明永續流傳
文武之道貴在征服人心

　　文言文是中華文字語言體系傳承的載體，是上古神授文明直接傳下來的。文言文有什麼特點？

　　首先是言文分離，這是第一個特點，即口語和文字是分離的。由於言文分離，文字有一整套規則可以永續流傳，不受方言口語變化的影響，這是老祖宗的大智慧。為了實現經典千百世流傳，後世子孫都能看懂，那時的神人想到了這一點，而現在人根本想不到這一點。這就是華夏文明之所以是神授文明，因為只要梳理這套文化文明，從各方面都會發現祖先是真正具有大智慧的。這不是普通人的智慧，不僅僅在語言文字的傳承，包括政治體制等等各方面，都不是現在人的智力能想像出來的。

　　文言文的第二個特點，就是行文特別簡練，而且立體。也正因為文字立體，所以行文簡練。每個字，如道、聖、學等字，意義都太多了。與不同的片語組合，字的含意又會不同。所以，中華祖先的文言文大有學問，言簡意賅、

內涵深刻，文章都是短小精煉，但寓意極深。

第三個特點，真正的文言文中，口語方言的使用非常少，用的都是通行字，基本不用時下流行的語言。

第四個特點，文言文易於永續流傳。

「言文分離」這第一個特點，讓文言文可以作為世界通用語言文字去推廣。為什麼這樣講？歷史上，日本、朝鮮、越南、泰國這些國家，包括持各種方言的少數民族，和華夏中原人來往的時候，即使各有各的方言，口語不通，但是只要落到文字上，大家就都能溝通流暢了，文字就是有這種通用溝通的規則和功能。

方言則是口語。如果在古代，有知識有文化的人進學受訓練，都要統一講官話，最早的官話就是前面所提過的雅言。既然都說官話，大家的發音相同，字意相通，文言文的整體規則又是一致的，大家就完全可以溝通了。

對古人、中華先祖來講，這是非常聰明的一套體系，學起來也非常簡單。不管是哪個地方的人，不管講何種口語或方言，七歲開始就可以用幾年的時間，學習一千二百個字的意思和官話讀音，再把文言文體系學習清楚，就可以通行天下了。並不需花費很大的精力，也沒有很大的障

礙，學習入門時看似方塊字挺難，其實並不難，掌握規則就很容易學。現在中國的孩子七歲上學，基本上學三、四年左右，字就認得差不多了，小學四、五年級，讀報看書都沒問題了，後面再強化一下就可以。所以這是一套非常適合歷史發展的語言文字溝通系統。

前面我們也比較過東西方文字。使用字母文字的拉丁文、英語等等，未來再往前發展，隨著時間不同、地域不同，口語化就會有更多不同。並且西方書寫沒有離開口語化，隨著時代推進，會出現大量的新單詞要背，越來越難學，所以不適合自然的發展規律，而且會越來越不適合。

華夏文明若要融合其他文明，透過什麼融合？文明體系一定要有先進性、超前性，這就是中華這套文字以及溝通系統的關鍵所在、優勢所在。世界的溝通方式、語言及文字必會有個大一統，這是必然。現在看似英語是國際語言，未來它的弊端一定不斷出現，其國際語言的地位也會下降。隨著中國的國力不斷上升，中華文化文明真的把優勢、智慧傳承下來，會讓西方心悅誠服的認同。武力只會征服肉體，文化文明才能征服人心。

征服肉體是短暫的。比如，人類有史以來，最鼎盛、最強大的就是成吉思汗的蒙古帝國。蒙古人用武力攻占了

整個歐亞大陸，建立了強大的黃金帝國。它看似強大牢不可破，可以千秋萬代，但是結局怎麼樣呢？元朝延續不到一百年，對中華、對漢族的統治就結束了。現在純粹的蒙古人都找不到了，都被漢族的文化和文明給融合了、同化了。因為蒙古沒有自己超前的文明和文化，只是靠著武力征服了各個民族的肉體，但是後面就被各民族的文化和文明融合同化了。

蒙古人一部分打到歐洲，被基督教文明同化了；一部分打到中東，被阿拉伯伊斯蘭教的文明同化了；一部分到了中華，被儒學的文化同化了。他們沒有自己的文化，所以不到一百年就消亡了。秦朝的武力也是鼎盛，但是十五年就滅亡了。這些例子都在強調，光靠武力和暴力起家，是長久不了的。用武力征服肉體、征服疆域沒有問題；但是一旦征服以後，想要長治久安，一定是要收服人心，用文化以及文明收服人心。

武力配合文明，才是真正能夠征服世界的不二法門。現在西方英國、美國，用的也是相同策略，先用武力征服你，隨後基督教文化就跟上來了。只要認同了基督教文化，只要把自己以前祖先的文化和文明放下，改信了上帝，那就真的被徹底征服了。

英美兩大帝國成功的應用這種方式，讓蘇聯解體了。現在他們把目標轉向中國，同樣在用這種方式解體中國。中國現在也是岌岌可危，如何避免被同化呢？必須重拾中華祖先的智慧，把華夏文明、文化和信仰的火炬重新高高舉起，把每一個中國人、炎黃子孫心中神授文明體系的火苗再度點亮。只有這樣，才有可能對抗得了西方精神以及物質上的入侵。

也許有人覺得，現在西方對待中國的態度很和諧啊，都在幫助中國提升；我們沒有信仰，人家給我們信仰；我們沒有普世價值，就教我們什麼是普世價值。但是，我們是炎黃子孫，最早的普世價值是中華創出來的。最早的禮儀之邦、治理制度、包括現在西方認為最先進的制度，在中華古代都能找到，我們才是原型。比如現在的聯邦制，跟周朝便已實行的分封制就沒有任何區別。夏商周實行的體制，與現代所謂三權鼎立制度對應，只是名稱不同而已。有時間我們可以專題分析周朝的五大體制，看看是不是最先進的管理體制。

中華民族凝聚力為什麼這麼強？一定要從夏商周開始看。現在學者研究明史、宋史、漢唐史、先秦史的都很多，但沒有幾個研究三聖時代夏商周的。其實對國學研究而言，

夏商周三聖時代的整套體制，才是真正圓滿的，最應該去研究的。

　　中華文言文的四大特點，第一是言文分離，第二是行文簡練而且立體，第三是少用方言多用通行字，第四則是易於永續流傳。這四大特點構成了文言文的優勢，是中華的文明大智慧。所以一定要記住，千萬不能把文言文丟了。

第四節

逆行勇士點亮文化信仰
智慧力量重樹燈塔光芒

　　華夏文明再不挽救，就將斷絕在我們這一代手中，那將是中華民族歷史的悲劇。我們一定要振奮精神，於現今潮流與趨勢中逆流而上，挽救中華文化文明體系，絕對不能讓文化浩劫真正發生。雖然文言文正在逐漸消亡，我們只有守住漢字這個陣地，如今漢字也被攻陷三分之二，剩下的真實而珍貴的文化財產不多了，怎能再不堅守！

　　然而，你敢去做那個逆行的勇士嗎！我現在講授的國學內容，並不迎合現代趨勢，而是在強調復古。這些內容公開流傳出去，想必有很多中華炎黃子孫會罵我，說我不懂得與時俱進，還要提倡正體字、繁體字，居然把扔進歷史垃圾堆的文言文重拾起來，讓大家學文言文體系；竟然說不會文言文的就是文盲，就是沒知識、沒文化的人，一定會被扣上「倒行逆施」的大帽子。

　　但是，如果沒有逆行者，沒有人把真相揭示出來，所有中國人就都被蒙蔽著，不知道發生什麼了。就像新冠肺

炎爆發時中國抗疫烈士李文亮，把危機提前告訴大家，大家都會讚他一句「勇士」。然而，勇士的結局怎麼樣？被員警訓戒、新聞說他造謠，60萬點擊量抨擊他造謠。他是逆行的勇士，喚醒國人，雖然被追認為烈士，但他已經不在了。

想當逆行者，可不容易啊！群情激奮的時候從眾者很多，如果敢站出來說一句反對的話，你會被口水所淹沒，會被各種辱罵抨擊，這需要莫大的勇氣。

中華文明這一套神授的文明體系，在我們這一代即將消亡，而其警示標誌就是文字的消亡。中華文言文體系已經消亡，漢字如果再消亡，漢語就會徹底變成拉丁文字，都是字母文字、都去學英語了，中華文化背景就斷絕了，中華的信仰也將隨之消失。

中華的信仰消失之際，我們就將歸於西方的信仰體系，那時候我們就將失去凝聚力，再也不是中華民族了。每一個中國人只是長著黃色的面孔，分散於世界各民族中，我們將只是一個種族叫黃種人，非常非常的可怕。

如果這一代人再不覺醒、再不發聲，再不勇做逆行者，把華夏傳統文化文明體系扛起來，再不去點亮那盞華夏文

明之燈，就在我們孫子那一輩就會看到，甚至我們活著的時候就能看到，中華的語言文字體系全都會改變、消失。

現在的新加坡，70% 的華人都會說漢語，但是基本都看不懂漢字，所有書面文件全是英文。漢語交流沒問題，但是漢字已經不認得了，再過兩代，很可能新加坡華人也不說漢語，全講英語了。當年新加坡總理李光耀預見到了這一點，他晚年大力推行漢語，呼籲千萬不要丟了中華老祖宗的智慧至寶，並親自用漢語演講，呼籲新加坡人都學漢語。李光耀非常有遠見，他首先讓新加坡人學英語與世界接軌，這一點達成以後，馬上大力推行漢語漢字。新加坡現任總理李顯龍，也持續大力推行漢語。

中華上古祖先將神性文明傳給我們時，傳給我們的是一盞燃燒著熊熊烈焰的文化之燈，那是文明的光芒，比太陽還要強烈耀眼，照耀在神州的大地上。到現在，它逐漸從熊熊火焰變成了星星之火。如果這點星星之火真的再熄滅，這些掌握中華文明的傳承人再一個個離世了，上古照耀下來的文明之光，就將在中華大地徹底熄滅。屆時，中華就將陷入無邊的黑暗，永世不得翻身，沒有任何神或任何人能拯救我們了。

我們只從文化的角度談，只有中國人把中國的文化復

興起來，華夏文明體系才能重新建立。曾經帶來萬丈光芒的那座華夏文明燈塔已倒，現在變成了燭光，變成了星星之火。我們要集眾人之力將它再次重樹起來，再次點亮，中華子孫才有可能被照耀千年萬年，中華民族才會繼續團結凝聚下去。

並且，星星之火也可以燎原。書前的每一位國學愛好者，我們都要成為李文亮似的吹哨人，我們要揭示真相，喚醒中國人。這不是發起革命，不是呼籲推翻政府體制，這跟政治沒有關係，如果不能明白這個理，不能瞭解和傳承上古的文化文明，任何政府上臺，所實行的體制都會向西方看齊。我們要做的是把文明文化的真相，把這套完整的神授體系傳播出去；趁現在還沒完全消亡，還能重拾，我們要讓所有的炎黃子孫知道，老祖宗是多麼的智慧。中華復興的基礎就在這裡！

中華民族的力量，必是源自於我們的智慧，那不是武力，而是智慧迸發出來的無窮無盡的力量，它是最強大的。中華祖先秉承著上古高度發達的文明體系，一直傳到現在，這些哪是凡人能想像出來的！所以孔子一再強調要「信而好古、述而不作」。要相信上古傳給我們的，是宇宙最高的智慧、最高的規律。一定要做到述而不作，對上古傳下

來的文明文化體系，好好信奉、遵循、延伸、發展；千萬不要詆毀、排斥、否定，去創造我們自己的東西。

該怎麼做，才能把文明的燈塔重新樹立起來？從前面讀到這裡，其實大家應該都明白了，我們應該從哪裡做起：第一，學習和傳播正體字；第二，學習和傳播文言文。非常簡單，就從這兩方面開始。

能夠堅持讀到這裡的有緣人，一定是對中華傳統文化感興趣，很多都是從事教育的人。無論哪方面，只要從事教育，希望能優先進行語言文字方面的教育，這方面的教育值得一生致力。推廣中華的文字和語言、文言文體系，再到經典的傳播與解讀，這足夠成為做一輩子的事業了。更重要的是做這方面的教育工作功德無量，你就是傳統文化、神授文明體系的傳燈者，就是追隨孔聖人的腳步，做的就是聖人的教化事業。

人人都要努力做文明文化的傳燈人！當自己是一盞燈，燈燈相續，一傳無數，無數再傳無數，如此我們的文明文化體系，在短短一、二十年間，就能把燈塔重新樹立起來。不要總是擔心自己尚未掌握高深的文化，不必擔心，只需去做。不管日常教繪畫、數學、英語等等都沒問題，作為教育工作者，首先要知道工作的意義是什麼，教育是

非常偉大的職業，是聖人的事業，任何事業真正做起來都沒那麼簡單。

不簡單的不僅是內容，這裡只是帶你走向這條路，給你開啟一道門，進入這道大門以後，得刻苦研究漢語、漢字、文言文和經典，有了一定底蘊，完整成形後，才能傳播，這項工作當然不簡單、不容易。還有一樁難處，就是你要無視潮流，特立獨行，做所謂逆行者。現在的環境裡，教畫畫、音樂，來學的孩子挺多，學英語的更多；但是若說教孩子學繁體字、文言文，看看有多少人會來？大家甚至可能嘲笑你，覺得你是老骨董、陳舊僵化，所以逆流而上者，要做好心理準備，這不容易！

這些內容，也一定不是所有人都能接受、能認同的。有人說情懷太虛了，不實用，要學簡單快速又能賺錢的。很多人都是為了想學快速賺錢的方法來求教的，他不會也不敢，從拯救文化的角度、聖人事業的高度去做事，諸多顧慮。我們都是逆行者，逆行者必是勇士，總要有人去做。

就說我們這套文言文體系，多麼難能可貴。上古時候，黃帝、堯舜禹時期，已經是一整套文言文體系，結果在五四「新文化運動」中被消滅了，這是民族文明真正的悲哀。中華文化落入深淵是從民國開始，1905年清末取消

科舉；1912 年蔡元培廢除尊孔讀經，不允許讀經典、學經學；1919 年五四運動廢除了文言文，我們的文化一步步消亡；最終一場文化大革命，所有掌握中華文化的菁英，捍衛中華文化的人，基本被全體消滅。一切都打倒，直接批判孔子，所有的經典、經學都不允許學，直到現在都恢復不過來。

這個話題說起來很沉重。但是人們需要看到真相，首先要發覺被丟進歷史垃圾堆的到底是什麼？就像給孩子洗澡，把孩子洗得香噴噴，洗完後洗澡水潑出去丟掉沒問題，卻連孩子也一起潑掉了，這就是中國的現狀。現在真正該做的是，潑洗澡水潑掉了孩子，得盡快把孩子撿回來，而撿回來是需要勇氣的。

我們現在需要傳遞下去的內容，在現實中不是與時俱進的，甚至與現實相悖。中國國家教育部 2012 年已經宣布，把文言文、繁體字與網路語言並列看待了。網路語言完全不符合造字標準及造詞規則，「不明覺厲」是什麼意思？古人、現代人都無法理解的詞，並不應該出現在白話文裡。然而，中國教育部把網路語言與文言文、繁體字同等看待，甚至商標、招牌上都不允許用繁體字。在這種文化導向的大環境下，想重樹傳統文明文化真的不容易，所以叫逆行

者，也可以叫傳統文化、神授文明的「吹哨人」，你有勇氣做這個逆行者、吹哨人嗎？

國學從哪裡開始學？從文字、語言和文言文開始起修。把正體字學好，從每個字的表音、表象、表意，一字一字的挖出其深意。文言文該怎麼學呢？現在找不到成形的文言文規則，只能藉著多讀古文、經典，培養一種感覺，而不是生搬硬套一套具體規則。文字有漢字構成法，有規則可循，但是文言文的學習，只有多讀經典，多讀儒學五經：如《詩經》、《尚書》、《禮記》、《周易》、《春秋》，多讀儒學十三經、《道德經》、《黃帝內經》等，讀這些有代表性的上古經典。

同時，對於每個字的解讀都很重要，把《說文解字》中常規常用的二千個字好好解讀，文字就從表音、表意、表象的角度逐字解讀，這是國學的基礎。當字的含意、通假字等都清楚了，每個字的表象、表意都清楚了，且你又通讀經典，熟練成自然，就會用文言文了。其實非常簡單，不用背「之乎者也」，也不要從語序語法上研究，我們的文明文化中就沒有語法，那樣也學不了漢字漢語、文言文。

語言文字是立體的，同時也是抽象的、整體性的。所有的文章不是前因後果的邏輯，而是每一個字、每一個詞、

每一句話自成一體，下一句與上一句沒有關係，每個字都有立體無限的信息量。古人文章沒有標點，標點符號都是現在人新加進去的；古文都是豎寫從右向左，中國現在的文章都跟西方一樣了，橫排從左向右念。

古人傳下來，豎著寫字、寫文章，是有道理的，都跟大道至理相合。為什麼跟西方不一樣呢？傳統文化博大精深，所有的文字、經典、文言文體系、琴棋書畫茶，都體現宇宙運行的規律。為何從右向左讀，也都跟大道至理相合，我們的傳統文化越研究越有意思，各個領域環環相扣，各個領域都是相通的，一通百通，非常了不得！

學國學，要有角度、有方向的學。有了方向，打好基礎，後面深入經典、真的步入經典海洋的時候，再根據各自喜好不同，研究專門的方向。有的人喜歡帝王學，就研究法家經典；有的人喜歡教育教化之道，就好好研究儒學經典。儒學包羅萬象，是各個領域的基礎所在，不管學什麼都得學好儒學。中華儒學已經流傳兩千年，從漢武帝到1912年，一直沒有斷過，一直都是治學的主流。後面，我會著重講儒學，儒學一通，諸子百家皆通。聖人的光輝與偉大，我們用什麼詞描述都不為過。但是一定記住聖人的這句話：「信而好古，述而不做。」

第四章

讀經淨心風調雨順
復古文化恬淡人生

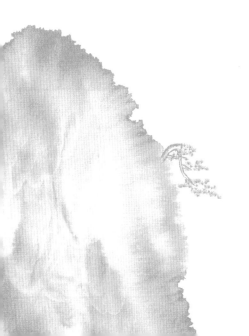

第一節
書香門第潤物細無聲
一門深入經典開智慧

前面講了文明的淵源，講了文字的起源、語言的來源，後來又講了文言文的優點。喜歡研究國學的人，內心中、骨子裡對傳統文化有很深的感情，知道這套體系是好的，但哪裡好卻說不清楚。現在中國其實暗暗掀起了學習國學、傳統文化的熱潮，只是尚未完全名正言順，人們不敢大張旗鼓，但內心裡很嚮往。

如果想讓孩子學國學，你肯定是國學愛好者，對傳統文化很感興趣。但是，國學首先要從自己開始學習，不要把所有都寄託到孩子身上。如果孩子問：「你自己不學，為什麼逼著我學！」又該如何回答呢？只要感興趣，不管多大年齡，「朝聞道，夕死可矣！」孔子也是在七十歲時，才突然領悟了大道至理，做到了「從心所欲不逾矩」。孔子五十歲知天命、六十歲耳順，七十歲做到了從心所欲不逾矩。

人之向道，不在乎年齡。人生的目標和使命，並不是

擁有多少財產、事業多麼有成，做多大的官、生多少個孩子，這都不代表有多大的成功。當你閉眼那一天，若是心靈上沒有一點昇華，在修行功德上沒有昇華，從生到死，沒什麼進步和改變，這才是最悲哀的。如此，錢再多也沒用，幾十億、幾百億只會給子孫留下禍患。

有許多富豪，活著時候極盡風光享受，如果家教不到位，死後卻是家人子女對簿公堂！金錢給子孫留下了什麼？只是讓他們不斷的追求感官刺激，甚至吸毒，不知道如何活得有意義。所以，別在乎留給子孫多少錢、多少人脈關係，那些都是過眼雲煙，是虛的，是夢幻泡影。

我們應該給子孫留下什麼呢？首先，自己這一生要不斷昇華，體悟大道之理，要有很多感悟；當自身不斷昇華的時候，知道如何積功累德，知道什麼是行善，知道什麼叫慈悲、什麼叫喜捨，知道什麼叫昇華和圓滿。在孩子的成長過程中，潛移默化的把我所體悟到、感知到的宇宙自然真相、宇宙運行規律，人與人之間的關係真相，人與物之間、人與事之間如何去掌控，把這些感悟和智慧以言傳身教的方式傳遞給子孫，在無形中潛移默化的傳遞下去。這就是聖人對眾生的教化之道，就像春風細雨一樣，潤物細無聲，而不是強力灌輸，逼迫必須學什麼經典。

為什麼古人講究書香門第？不管你做多大的官，做多大的生意，大家最敬重的是書香門第。如果是書香門第出身，女孩就叫大家閨秀，這看的是父輩、祖輩是不是讀書人、是不是熟讀經典，有知識有文化。這類讀書人，待人接物以及看問題的格局和角度，絕對是不一樣的，所以培養出來的女孩叫大家閨秀。男子如果是書香門第出身，既溫文爾雅又有力量，這就是古人培養的君子。

書香門第，這在現代中國已經極為稀缺。從五四運動以後，從尊孔讀經被打倒以後，一直到現在，傳統文化經歷了一百多年的打壓。1912 年蔡元培廢除了尊孔讀經，1919 年五四運動廢除了文言文，之後中國人就不讀經了，經學在歷史中便被中國淘汰了。這是民族的悲哀！所以，現代中國人就不會讀經，也不想讀經了，認為經典是腐朽的；認為學再多也不能帶來船堅炮利、不能帶來科技發展，這就是目前中華整個民族的共識。然而我們卻忘了，為什麼幾千年來，中華一直雄踞世界之巔，中華的文明、中華的軍事，都曾經在人類歷史上無比輝煌。大秦、漢唐、大宋、明清，都是世界之巔。中華跟西方相比，只是近兩百年的時間落後罷了。

恢復書香門第，該從何時開始？不要總寄託在孩子身

上，而應該從「我」做起，從現在做起；只要有時間，無論任何身分都可以學習經典。可惜現在的人，都不讀書了。當官的讀書嗎？做生意的讀書嗎？甚至，讀書人讀書嗎？教師讀書嗎？現在的教師，讀的是自然科學、數學、物理、化學，那是維持生計的方法，那不叫讀書！甚至，現在中國已經沒有「老師」了，古代老師是聖人的事業，是非常尊貴的職業，但是現在的中國大陸，看似遍地都是老師，卻沒有讀過多少書的，在幼稚園看顧孩子的人也可以稱老師，這與傳統意義上的老師完全不是一個概念。

老師是師中之尊，老的意思即是尊。現在卻遍地老師，教物理、化學、英語、語文者是有一技之長，但是這些叫「匠人」。不管什麼技藝，用一技之長謀生，教人技藝、收取學費者，不能稱老師，只能叫匠人。

「師者，所以傳道授業解惑也」，如此才可以稱為「師」。真正的「師者」，首先是悟道、得道之人；知道何為天道、何為陰陽、何為五行、何為取象比類，何為祖先這一套完整的文化文明體系。掌握了這些，才可以傳道、授業，不僅把道理傳出來，還得教方法，什麼方法也得真的知道和掌握，也得有傳承；那些密修之法、密修之術須得掌握，那是打開求道大門的鑰匙。

傳道，是把人從小路、歧路上，從迷茫不辨方向中，引到大道上、引到中華神授文明的大門前。授業，是給予鑰匙打開求道之門上的鎖。師者不僅要把學生引上正道、引到大門前，還得教授弟子，把鑰匙交給弟子。針對每個弟子的不同，鑰匙是不同的，是因人而異、極度個性化的。不是所有人都一體適用的複製同一把鑰匙，而是根據每個人的不同，給予不同的鑰匙，把學生送進門裡，師者的意義和使命就達到了。

學生入得門後開始自己修行，那裡面包羅萬象，是一座巨大的寶藏。師父送進門去以後，如何選擇、選擇什麼，就是學生自己的事了，他必須精研一門，有所建樹。這才是師徒之間的關係，這樣做的人才能稱師者。然而，現在哪兒才能找到得道高人作老師呢？說實話，很難！

上古之神把巨大的光明授予了神州大地，光芒萬丈，九州同春。中古時代，春秋諸子百家出現，承接了巨大的光芒，使之真正落了地，照進了中華眾生的心裡。漢唐之後光芒開始減弱、文明越來越沒落，1279 年南宋覆滅後，光芒更加暗淡；到了清末、直至現在，這曾經璀璨輝煌的萬丈光芒、無比巨大的文明之光，只剩星星點點。而且，這些星星點點還不敢展露，一旦展露頭角，很可能還會被

踩滅。中華大地如今是一片暗淡，整個民族正在滑向深淵，這就是現狀。

為什麼中國有這麼多的災難？2003 年的非典 SARS 大瘟疫、2008 年的汶川大地震；不出幾年，2020 年的新冠肺炎疫情甚至超過了非典，中國人這麼多災多難，我們找過原因沒有？

學習了老祖宗的智慧後就會知道，神授文明的智慧中有一個非常重要的概念，叫做天人合一。人和天是相互感應的，人心不古的時候，天必不會風調雨順。記住這一點，想讓一個地區真正風調雨順、國泰民安，首先不是如何治理自然，大自然不需要治理，人心調正了，就國泰民安了，大自然的這些災害就繞開走了。

這套文明體系告訴我們，自古以來都是這樣。中國近幾十年來霧霾嚴重，從北到南，甚至西藏都有。霧霾怎麼來的？有各種說法：中國工業化工廠製造污染、北方燒煤取暖、汽車廢氣等等。為了治理霧霾，北方停止燒煤，改用天然氣或電力，汽車也不上街了，工廠也停工搬遷了。但是，新冠肺炎疫情隔離期間，汽車不上路沒有排放廢氣，工人不上班工廠也停工了，可是霧霾從北到南一點都沒有緩解，甚至更嚴重了，為什麼？

一般人以為，霧霾是大自然的空氣污染。然而事實上，霧霾更準確應該稱之為心霾，心中沒有霾，外界就沒有霾！這就是集體潛意識，中華大地的眾生，心是純淨的嗎？只要心純淨，汽車開得再多，空氣也是純淨的，外面就會藍天白雲。知道是何道理嗎？

古今中外，你可以對比，是不是人心決定了風調雨順。當人心浮動、人心不古、人心險惡的時候，是不是也是天災頻現？這不是封建迷信，可以看歷史記載，專門做個課題，在中華大地什麼年分災難最多？再看看那個時候的人是什麼樣的，就能對比看到答案。

有人說，工業革命初期時，倫敦大霧霾多麼嚴重！同樣，你也可以對比看看，當時的英國人是什麼心態？那時候，他們正在向全世界侵略，做了多少慘無人道的事，後來才形成了日不落帝國。之後英國的環境和人都有什麼轉變？西方這些年來，人心的狀態也是有變化的。

我講國學，涉及的面特別廣泛，這是我的特點，我會把方方面面都研究透徹全面。我研究的是大道之理。道，在各個領域、各個細分行業必有作用，且有所建樹。通曉大道之理，就一通百通。想要深入研究這套神授的文明體系，必須專注於一點切入，泛泛的學是不行的。我也是專

注從一個點深入，這一點研究透了以後，一通百通，就看到了萬事萬物的本質。

我是從哪個點深入的呢？西南交通大學在四川峨眉山，我是在上大學的時候，在峨眉山下報國寺中遇到了我師父。我的師父是報國寺的遊方和尚，亦是禪門洞雲宗四十七代傳人，他一輩子就收了我一個徒弟。我是洞雲宗四十八代傳人，從大悲咒入，天天專修大悲咒，一門深入十幾年，才有所成。一門深入修成了以後，我才一通百通、博覽群書，切入到神授的華夏文明體系中，有所感悟，至今修了三十多年了。

我講述的內容非常廣泛，常常隨性延伸到不同的領域，但各位不能都是泛泛而學，不能什麼都只知道一點，不能什麼都通卻什麼都不精。需要從一個點精進，一個點研究透徹了，其他的都會一通百通。

看我的書、上我的課，各位不能著急。如果我一會兒講文字，你就研究文字；一會兒講語言，你去學客家話、學粵語；看完文言文的部分，你又去研究文言文。那麼後面我講的越來越多，涉及的內容也越來越多，若想聽到什麼學什麼，泛泛而學終將一無所成。應該感覺到哪個點打動你，對哪方面特別感興趣，就從那一門深入。後面我們

還會講管理學、帝王學、《黃帝內經》中華醫學、《易經》、《奇門遁甲》、太乙神術等等，而各位一定要記住：一門深入！

如果你對文字感興趣，文字也是一門大智慧，叫文字般若。文字、語言、文言文這是一整套溝通系統，一套大智慧，你也可以從這一門深入。修行不是從打坐、吃齋、念佛進入，這些充其量叫助行，不是修行本身。修行，一定是從「開智」，開啟智慧入手；從般若，也即是智慧入手；智不開，天天打坐沒用，永遠到不了彼岸。

真正的修行，《六祖壇經》中說得清清楚楚：摩訶般若波羅蜜，摩訶是廣大無垠，般若是智慧，波羅蜜就是到彼岸、怎麼達到目標。開智，明心見性的狀態就是開了大智慧，到達彼岸。首先，必是從經典開智，孔子早就給我們指了一條光明大道，必是從經典中獲取，這是祖先留下來的最難能可貴的、無盡的寶藏。

第二節
開卷有益耕讀文明向圓滿
科技淫惑地球洪水自淨化

　　為什麼一提到 1912 年蔡元培廢除尊孔讀經、1919 年五四運動廢除文言文、1964 年廢除正體字，改用簡體字，我就那麼憤怒？因為所有這些，都在把中華民族的神授大智慧，從根上挖斷。這是歷史上從來沒有發生過的文化危機，難道不應該憤怒嗎？

　　不怕消滅我們的肉體，哪怕消滅了我們一半的人口，只要保留了中華的語言，保留了文字、文言文體系，這套經典文化在中華的傳承中都不會消滅。只要經典文化不滅，哪怕中華民族只剩一百個人，再給我一百年的時間，中華還能再站起來。

　　但如果刨除了文化的根，把文字、語言、文言文都廢了，只留著肉體，十四億中國人就成了沒有智慧、不開悟、沒有信仰、沒有文化、沒有知識的行屍走肉，我們將從「民族」變成「種族」。當變成種族的時候，中國人就變成了世界的奴隸，這才是最可怕、最可恨的。

從根上、從骨子裡、從精神領域消滅才會是徹底的崩潰；這套神授的文明體系，只有從文字、文言文上入手才能徹底瓦解，從其他方面都不可能瓦解。外族再怎麼侵略都不怕，最怕從這方面下手。但這一百年來，他們就是從這方面下手的。多少裡應外合，多少文化漢奸，在配合著亡我中華。一說起來，我就義憤填膺，因為我明白是什麼情況。無知者無畏，如果不害怕、不憤怒，就是因為根本不知道、不明白發生了什麼事。讀者們可以自己感悟一下，上面所講是不是如此。

　　我一再呼籲，挽救中華的語言，挽救中華的文字，挽救中華的文言文。中華崛起一定是從文化崛起，中華的力量一定在文化裡。中華傳統文化是無盡的寶藏、無盡的力量。我一再強調，大家從自身做起，有所行動，不要把希望寄託在孩子身上，從現在開始，重新學習中華上古的文字、語言、文言文，從自我開始，哪怕學五年、十年，一定能夠做到。只要下班後的休閒時間，少玩抖音、少刷朋友圈，就可以做得到。社群軟體中充斥著垃圾資訊，短視頻裡面沒有多少營養，形成習慣就是上癮，是精神鴉片。

　　多修一修世間法，多陪陪父母家人、老婆孩子。想昇華就多讀書，把書和文房四寶擺上，一點點養成習慣，哪

怕一天看一句，都是開卷有益。

覺得放下手機很困難？一會兒不看朋友圈就覺得和世界脫勾失聯了？只要想一想，難道關機一天世界就停止運轉了？其實是你自己靜不下來。

西方發明的手機、電視、各種科技產物刺激感官，已經把我們的心擾得亂亂的；遊戲、電影、手遊、網絡社群的發明，都有強大的心理學做後盾，研究怎麼能吸引你、誘惑你、讓你上癮、欲罷不能。這些東西，在中國古代絕對會被禁止。

中國古代，不允許發明這些誘惑人心的東西，那叫玩物喪志。古人並不是發展不出應用科技，中華有強大超前的基礎科學，怎麼可能發明不出應用科技？

然而你知道什麼是科學嗎？不要以為西方發展出來的就是科學，那叫科技，不是科學。包括船堅炮利、核武器、生化武器，手機、電視都是科技產品，而非科學。科學和科技有什麼區別？科技繼續發展，地球人類就會因此而滅亡，那是走向滅亡的歧途；而真正的科學是把人類不斷帶向圓滿，帶向和諧。

所以我們的古人從夏商周、秦漢唐、宋元明清，都不

允許發展科技，他們把科技稱為「奇技淫巧」，是不允許的。中華祖先不允許把這套智慧用於發明創造，讓自己的感官更享受、行動更便捷，更刺激、更受誘惑。發明奇技淫巧，是要受懲罰的。晚清之前都一再強調「耕讀」，「耕」不僅僅是農耕，也包括織布等手作，是滿足最基本生活的方式；「讀」更是非常重要的。講究耕讀，首先對腳踏實地、辛苦做事的人都非常敬重，對讀書做官的社會菁英同樣尊敬，耕讀是並列在一起的。

有人歸咎於中華農業文明、講究耕讀，所以發展不出工業、打不過西方。會這樣說的人都是不懂本質，只看到表面現象。只因為現在打不過西方，沒有人家船堅炮利，就否定傳統的一切。你錯了！中華老祖宗為什麼不發展工業？在明初十四世紀就有工業萌芽，為什麼停止發展？火藥是中國發明的，三國的地雷、唐末的飛火、宋朝的霹靂炮，都是當時世界上最厲害的戰爭武器，為什麼也停止發展了？因為那都是奇技淫巧、殺人利器。

後來，火藥等事物流傳到西方，他們如獲至寶，不斷繼續鑽研，才發明出船堅炮利，回過頭來打我東方、殺我同胞。八國聯軍拿著槍炮侵略過來，義和團拿著刀槍往前衝……中國不是沒有大炮，但是主動選擇不用，因為那是

殺人的利器，不能輕易去用。這裡面有很深的道理，勝負不在一時，人心人性才是永恆。

讀歷史的時候，不能僅僅看歷史的表象，做什麼事都要為子孫後代想一想。西方科技那麼超前，而發明科技的科學家，是為人類造孽還是施功德？發明原子彈的人，是菩薩還是魔？研製生化武器，是造孽還是施功德？現在西方科技把人類帶向了哪裡？而中華上下五千年文明又把人類帶向哪裡？

且不自稱中國帶領全人類，就說中華文明曾經幅射的地區，北到西伯利亞、西到帕米爾高原、南到印度洋、東到太平洋，在這一片地域內，中華文化影響、引領著各國，包括日本、朝鮮和東南亞都是一直受到中華直接的影響，形成一個大中華文化圈。歐洲和非洲是基督教的世界、阿拉伯文明。而大中華文化圈內，中華文明是引領者，幾千年來國泰民安，人口繁衍興旺，雖有改朝換代，但幾百年朝代更迭一次很正常，幾千年來多麼的穩定。

而現代西方工業革命，所謂科技引領世界，從 1840 年到現在，不到兩百年時間，地球變成什麼樣了？植物動物差不多都滅絕了，地球生態被破壞到都不適合人類居住了，地球都要去流浪了。這就是西方所謂的科技型科學！

如此對比，何為真正的文明？誰在走和諧圓滿之路？誰在引領毀滅之路呢？現在最感人的大片都是災難片，諸如《2012》、《流浪地球》，是否想過，地球好好的為什麼要去流浪！都是因為可恨的人類把地球掏空了，地球千瘡百孔、生靈塗炭、一片哀號，這一切都是誰造成的？是中華造成的嗎？

　　西方現在反而說中國破壞了生態。是誰發明汽車和空調呢？人類原本需要空調嗎？大自然自己有調節力量，但人類為了自己舒服，人人一部空調，將二氧化碳全都排放到空氣中，破壞了臭氧層；為了自己方便發明飛機、汽車，開採石油，把地球挖得千瘡百孔；大量的煤炭開採，地球蘊藏的礦物才幾十年就快挖空了……現代人類給子孫後代留下的是大量的生化垃圾，留下了一個滿目瘡痍的地球，留下了一個破碎的家園。

　　西方醫學科技引領現代醫學，滅了天花，又來了非典等等……這些技術都是西方研究的。各國視西方為「導師」，認為必須跟上，結果全成了魔。該怎麼挽救這個地球？地球人口馬上就要超過一百億人了，已經不適合居住了，還能容納多少人？真正的大災難就要來了。到底是地球需要人類，還是人類需要地球？

地球是人類的母親，孩子卻天天在母親身上放毒、核爆，不斷的折騰，母親怎麼能受得了？地球只需要稍微發一點怒，稍微動一動，渺小如同地球身上細菌、寄生蟲的人類，簡簡單單就能被消滅。地球想滅人類太簡單了，西方這套科技體系繼續折騰，地球母親受不了的時候，只要去沖個熱水澡，把自己的身體清理一下，人類就沒了。大洪水是怎麼來的？人類自己不作死，會毀滅嗎？

東方幾千年來與地球和諧共生，幾千年都將生態保護得很好。東方不是沒有能力發展所謂的科技，東方是克制、克己、有信仰。接著我會詳細講解中華的信仰是什麼。為什麼從古至今掌握這麼超前的基礎科學，把宇宙認識得這麼清楚透徹，卻不去發明科技？就是因為，中華的祖先把這套文明智慧勘透了，才立下了古訓和祖訓，不允許向那個方向發展。

中華高度文明的智慧如果想發展應用科學，一定遠遠超過西方，在有關文化應用的講解中我會給大家舉例說明。但各位可以想想，是老祖宗發展不出來，還是根本不應該發展這個方向的應用？反觀西方，根本就不講究天人合一，不講究人類和大自然怎麼和諧相處，不懂何為敬畏。西方不懂敬畏天，敬畏大自然，敬畏一切植物、動物，只追求

如何讓自己舒服、方便，哪怕把成片的森林全部砍掉，哪怕讓動物瀕臨滅絕，只要能讓自己舒服，只要確保對自己沒有威脅，就毀滅你們的一切，這就是西方！現在卻裝扮成文明人，天天譴責中國破壞生態。

我們學國學，是學祖先的智慧體系，把這套智慧真正學好之後，我們應該做什麼？從大使命來講，首先要拯救我們自己。先不說昇華，我們也不能再墮落了，我們的孩子、家庭、家族、企業、城市、國家、民族，不要再墮落了！繼續墮落下去的結局，就是地球母親用一場大洪水把我們洗掉，有什麼科技能抵抗住大洪水呀！

即使是上古高度發達的文明，也抵擋不住一場大洪水，神和人全淹沒了……難道還要讓歷史在我們這一代重演嗎？這一代和前幾代才是真正不肖之人，才是真正毀掉地球的人，但認為這些人破壞地球，地球就會到星際流浪，就太小瞧地球了。地球抖抖身子、沖個澡，這批人類就沒有了。

這就是西方科技和東方文明的不同之處，也是最大的分歧所在。不能看到西方生活便捷、先進，就一味嚮往西方。中華智慧一再強調，不要追求生理感官上的刺激，那叫墮落；我們要追求恬淡人生、清心寡欲；讓自己靜下來，

不被外界誘惑；要向內觀、找自己，自己和自己在一起，不斷的修復、圓滿自我，讓身、心、靈、智昇華。看淡外界的誘惑，並不是不讓大家賺錢工作維持生活，而是要看淡，不要被誘惑吸引走。

第三節

經典密碼只需讀
中華古典須自重

這個時代的誘惑太多了，我們已經完全被外界的誘惑所吸引，夫妻之間還能說幾句心裡話？下班回到家，各自拿著手機，刷抖音、看朋友圈，世界上最遠的距離，不是你和愛人遠隔天涯海角，是近在眼前卻拿著手機，身在一起，心卻有萬里之遙。放下手機，拿起經典！經典會帶領我們找回自我，找回人性，找回昇華之路。

一家人在一起看看電視，閒暇時候多讀讀經典，多認識漢字，中華的經典無需解，只需讀，開卷有益。一家人一起寫寫書法，文字裡有大智慧，一家人一起用上古留下來的發聲體系讀經典，不僅在意義上傳授真理，而且在語言語音語調裡，透過聲音靈接先聖。

漢語是一套完整的神授體系，經典就像密碼一樣，每一句都有規則，不是亂寫的，每句都是密碼。《道德經》開篇就是「道可道，非常道，名可名，非常名。」不要用自己的邏輯思維去解釋這句話，只需不斷的念。一解釋就

落到下乘了，就落到左腦了，關鍵是也解釋不明白。

中華的經典都是立體的，以字為單位，不以句和段落為單位，上古的經典沒有段落，甚至沒有標點符號。這方面我給大家提示一下，告訴大家怎麼讀經典。前面鋪陳了這麼多，講解這麼長時間的文字、語言和文言文，都是為了給解經打基礎、做鋪墊。明白了語言、文字和文言文的由來，瞭解其意義和神奇之處在哪裡，知道它們全都是神授而來的，是一套完整的體系，我再講授經典怎麼讀，你立刻就能清楚理解。

中華經典諸如《詩經》、《道德經》、《易經》、《山海經》、《黃帝內經》，你都只需讀。這些經典並非像現在寫作文一樣，由古代有智慧的人一句句斟酌、琢磨出來的。現代人寫論文反復斟酌、琢磨，寫出來的不叫經典，寫得再好的作文也是乾癟無味，讀兩遍就感到無趣。而經典不一樣，它不是人寫的，每個字、每個詞、每段話，都有含意；每個詞、每段話都符合文言文的古規則；幾個字為什麼合在一起，不僅跟字有關係，同時跟字的發音，語音、語調都有非常重要的關係。

所以中華經典讀起來抑揚頓挫，雖然意思不是很明白，讀一讀就法喜充滿，讀一讀身體就有感受，就會出現

手不釋卷的感覺。真正進入了經典，那時你所運用的和被激發的，可不只左腦的知識，而是左右腦同時被啟動，整體進入到內心和宇宙的智慧相溝通、相結合，真正融合在一起的感覺。智慧和靈感就會迸發出來，在靜靜讀經的時候，要把聲音讀出來。

古人教經典，老師不解釋，就是讀。「道可道，非常道；名可名，非常名。」現代人一讀經典就看注釋，然而注釋大多都是胡扯，讀經千萬不要看注釋。如果不看注釋字都不認識，就要先把字學會。千萬不要再看注釋了，尤其是白話文的注釋，把經典全都糟蹋了。因此只需讀，抑揚頓挫的讀出來。

讀經典，其實更應該用粵語、客家話、吳語、閩語來讀。南方遺留下來的方言語系都有入聲，是五聲。吳語來自於南京的古官話，以中古留傳下來的南京古話為前身，後來結合中原過來的大宋官話，形成南京的古官話，不同於北京官話，沒有兒音，但是有入音。如果你現在掌握著南方的幾大方言，那可是寶，千萬別丟了。如果會上海話、江浙話，也千萬不要丟。福建話是最複雜的，但都是中國的古語。中國的古語多麼寶貴，一定要教會孩子說。

北方語系是中國現在的官話，以北京話為主。晉語、

湘語、河南話、河北話、山東話，都屬於北方語系，屬於現在北京官話分支，都是四聲，和中華古語沒多大關係。四川話也不是古語，四川多災多難，幾次整體被屠殺，比如蒙古滅南宋，就是從四川進入，迂迴沿著長江打進南宋的。巴蜀人非常厲害，堅決不投降，蒙古在巴蜀打了幾十年打不下來，大汗蒙哥還在釣魚城被守軍砸死了。歷史上，「無湘不成兵，無川不成軍」，川軍打仗很勇猛，而且不投降。最後蒙古人就開始屠殺，殺了 90% 的四川人。南宋江山的西南屏障，全靠巴蜀守西南守了幾十年。

蒙元追擊南宋，南宋跑到崖山，大戰數場，最終宰相陸秀夫抱著南宋小皇帝跳海自盡，同時十幾萬士大夫、菁英一起跳海殉國，這些都是掌握中華傳承的菁英，好多中華傳統也就因此失佚，所以古典中華至此結束。而跟著小皇帝南下的，有一部分人跟南宋主力失散，從廣東一路向西走，經過廣西、貴州到四川。所以，這一路上都有客家人，即是大宋遺民，直到現在還有一部分客家人在四川說著客家話，保持著客家傳統。

四川還有一次災難，明末大魔王張獻忠入川，把四川殺得十室九空、屍橫遍野，幾乎沒有人了，哪還有四川的語言能留下。因此到了清初「湖廣填四川」，廣東、廣西、

湖南、湖北，大批人口進入四川，最終形成了現在四川人的構成。因此，四川話是由三種方言融合而成，其中四川當地方言屬於西南語系，同時又有客家話，還有湖南湖北話，融合構成了四川方言。

研究傳統文化，歷史也都得有所涉獵，僅當作歷史也枯燥無味，但要是跟語言、文字的來歷相關聯，就與每個人都有關係了。這些語系歷史也是華夏文明體系的一部分，都應該要瞭解。中華歷史上下五千年，為什麼叫華夏文明？為什麼叫炎黃子孫？伏羲女媧為什麼是人首龍身？如果有人問起，你能解釋嗎？這些歷史故事背後都有很深的含意，作為中國人必須知道，若是說不出來自己國家民族的來歷，就得認同西方考古的說法：中國人是由非洲的猴子變的。

西方所謂考古學全是在胡扯和造假，甚至造假了他們所謂的古希臘文明。但是，現在的中國人什麼都信，西方人什麼都是好的，現在中國人不信神，也不信自己的祖先，只信西方的科學家，西方科學家說的，比如達爾文進化論，西方人自己都不信，都得質疑一下，中國人卻不假思索的全信，可悲啊！為了證實中華老祖宗的智慧文明，我不得不用西方的量子物理學、西方的腦神經科學、西方的胚胎學、西方心理學，來講解我們老祖宗的智慧體系，中國人

這才覺得原來老祖宗說得對啊，覺得老祖宗太偉大了。不拿西方的前沿科學對比印證，中國人根本不信自己的老祖宗真的有這麼高、這麼偉大的文明智慧。

作為師者談何容易！不僅要把自己的東西研究好，還要把別人的東西研究透徹。知己知彼，方能百戰不殆；師夷長技是為了制夷；取其菁華，去其糟粕，這是我們研究、學習西方的目的和意義。

所以，如果你掌握南方方言語系，一定好好珍惜！粵語和客家話是古漢語的活化石，千萬要為我中華民族保存好你的方言，傳承給你的孩子。老祖宗留下來的東西都是至寶！用粵語、客家話讀經最好；不會粵語、客家話，用普通話讀，也比完全不讀強。經中的深意絕不是凡人頭腦能理解的，也不需要你用頭腦理解，讀的過程中自然就智慧大開了，靈感就來了。

當我們用漢語讀經的時候，大腦前語言區啟動，左右腦同時都在運動。所以請放下你的手機，帶領全家一起讀經！若是孩子從小每天看你書法繪畫，每天聽你讀經、撫琴吹簫，這就是書香門第；孩子從小也養成了習慣，也會感受到樂趣，就不受外界的誘惑，不被世俗所吸引。一家人在一起讀經，爸爸讀一段《六祖壇經》，媽媽讀一段《詩

經》，孩子讀一段《易經》，氛圍逐漸就形成了，孩子會越來越有興趣，長大也會有良好的習慣，而且說話音調也會抑揚頓挫的特別好聽。

有些人說話特別動聽，原因為何？只要好好讀一讀《詩經》，或是讀一讀儒學十三經，你會發現語音的變化，你的聲音會圓潤動聽，講話會有魅力，說出的話有能量，能深入人心、打動人心。講了文字、語言、文言文，現在點一點讀經的妙處，有機會再深入講一講讀經，你會立刻喜歡讀經，迫不及待的去讀。

在此我說的經是指上古的經，包括：孔子的五經《詩經》、《尚書》、《禮記》、《周易》、《春秋》，以及《山海經》、《道德經》、《黃帝內經》，這些上古之經才有功效，現代人寫的不評論。我講的都是天授的文明體系，這套體系才是正根、正宗，宋以後基本就沒什麼真東西了。孔子之後無聖人，勉強接近的只有六祖惠能，他的禪宗與儒學一脈相承，但他也不能稱聖，因為他並沒有超越孔子。

中華人類歷史中，可以稱聖的只有三人：遠古聖人伏羲氏、中古聖人周文王、近古聖人孔子。伏羲可以稱聖，他是華夏文明的源起，把上古文明傳授給我們。周文王把《易經》彙編落成文字，廣泛收集大洪水後遺留下來的文

明記錄和書籍，把上古經典、筆記整理保存下來，留給後世子孫，所以稱之為中古聖人。

近古聖人是孔子，他把上古文明，由周文王收集保存的經典筆記，研究而集大成，把這些宇宙自然的規律總結出來，落成了文字。華夏文明對宇宙自然認識的所有定理定律，包括陰陽、三才、四象、五行、六合、七星、八卦這些定理定律，全是孔子揭示出來的，不然我們根本不知道上古之神教給了我們什麼，需要有個人總結歸納，讓後世子孫聽得懂。

孔子因此建立了一整套儒學體系，人在日常生活中做事如何符合天道，把人倫道德落地了。如果沒有孔子，上古文明我們根本理解不了，也用不了。所以，「天不生仲尼，萬古長如夜。」是孔子把上古文明曙光的強烈光芒引到後世子孫身上，我們每一個人都感受到了光的溫暖，而且都會應用。所以孔子是近古聖人。

孔子之後二千五百年無聖人。沒有任何一個人，在揭示宇宙自然規律方面能超越孔子。他把文明的曙光真正的帶給了人類。中國人現在提到孔子，心裡還是嘀咕，認為毛主席如此偉大，為什麼批孔呢？這是受新文化運動的影響，批孔子腐朽，不再立孔子像。但是，全世界又是怎樣

評價孔子的呢？1984年，聯合國教科文組織以及美國和英國，分別評定的世界十大文化名人，孔子都排在首位。

雖然中國自己不認，但全世界都認為孔子是對人類歷史最有影響的人。在此告訴大家，對於孔子的偉大，怎麼稱頌都不為過，沒有孔子就沒有道、沒有佛。有的人排序「佛道儒」，儒排最後，那是真不懂。之後我會好好把儒學經典解讀出來，讓大家真正瞭解儒到底是什麼。

說到這裡，正好有感而發一下，中國國內新冠肺炎疫情最嚴重時，全世界都在向中國捐贈物資。留意一下，日本在捐贈的物資上面寫的寄語，看了以後讓我真的很有感觸，也正好和我所講的內容契合。捐贈武漢的這麼寫道：「山川異域，風月同天。」這是文言文啊，大家看一看有沒有情感和高度！捐贈湖北的寫道：「豈曰無衣？與子同袍。」捐贈遼寧的寫道：「遼河雪融，富山花開；同氣連枝，共盼春來。」捐贈大連的寫道：「青山一道同雲雨，明月何曾是兩鄉。」這是中華的古文詩句形式，還多出自於《詩經》和唐詩。日本怎麼使用得如此熟練貼切！

而中國人自己現在還能否使用，是否寫得出來？甚至我們現在需要反思的，不是能不能寫出來，而是能有幾個人還看得懂上面的語句？中華的文字語言讓人家日本用得

如此之好！而真正感覺打臉的是，北京捐給武漢的物資只寫著：「中國加油！武漢不哭！」全國各地捐贈武漢的，寫的全是這一句話。使我不禁慨歎，中國人的文化何在啊！

日本人最敬重中華，全面學習我們的大唐。韓國人也很敬重中華，學習我們的大宋。大唐遺風看日本，大宋遺風看韓國。然而現在，在中國還能否找到大唐和大宋遺風？我們強盛的大漢何處覓其遺風？日本人不是看不起中國人，是看不起現在的中國人；他們尊重中華，尊重的是1279年之前的中華。

1279年之前的中華到底是什麼樣的？為何讓日本敬重到五體投地！那時是古典中華，而現在的中國人怎麼了？我們還有古典中華的血脈基因，1279年以後，我們一代代的被壓抑，快要壓抑殆盡，如果再不爆發喚醒，中華真的要在沉默中消亡了！真的很危險！看日本的捐贈物資所寫的文字語言，再看自己國內捐贈物資的用辭，連句感人的言語都用不出來，只會喊加油、不哭。中華曾經的高度何在？中華的文化何在？所以，各位華夏同胞，學習吧！放下你的手機、遊戲，好好學習中華的文字、語言、經典，把文言文再重拾起來，這才是華夏文明復興崛起，重新屹立於世界的根本所在！

第五章

中華信仰文明根基
無神俱靈敬天法祖

第一節

信仰亦是文明根基
第一信仰無神俱靈

　　我們中華的這套文明體系是神授而來的。如何神授而來的？在此我們繼續講。語言、文字和文言文是構成中華文化的基礎，還有一個非常重要的基礎就是信仰。為什麼要講信仰？信仰和文化有什麼關係？和國學有什麼關係？深層的信仰本身是文明的一部分，也是文明的根基所在。

　　中華的文化文明，有幾個奠基石缺一不可，即文字、語言、文言文的傳承體系和信仰，這些都是最基礎的。信仰源自於哪裡？最早文明始創的時候，信仰與自然、天道之間是什麼樣的關係？這些必須瞭解清楚。我們必須在文字、語言、文字的結構、傳承體系講清楚之後，進而把信仰講清楚。

　　前面曾經提及，有美國著名政府官員在公開演說中說過這樣一段話：「有個國家是世界上少數沒有信仰的可怕國度，沒有信仰意味著沒有底線。他們唯一崇拜的是權力和金錢，他們人口當中的菁英，80% 都把其資產存放在

國外……」其實我們一聽就知道是在講中國。那麼，現代中國人到底有沒有信仰？我們的信仰到底是什麼？這很重要，真正對中華民族文化感興趣，是一定要把信仰這件事研究清楚的。

信仰本身到底是什麼？西方有信仰，信上帝。那麼，科學是否也是一種信仰？科學信的是客觀世界的發展規律。科學家不信上帝，信上帝的人也不會成為科學家，而是成為神學家，神學家和科學家是對立的。《聖經》裡說，所有的萬事萬物，包括人，都是上帝創造的。如果有人在研究上帝怎麼造人、怎麼創造萬事萬物，那是自己想當上帝嗎，豈不是大逆不道！所以，真正的神學家不可以、也不可能去研究宇宙萬事萬物的規律，他只需要信上帝，聽上帝的神諭就行了。這是西方的上帝信仰。

然而，西方在文藝復興之後，有一批人開始懷疑上帝，開始逆反了。十四世紀至十七世紀，歐洲出現了文藝復興時期，因為當時橫行歐洲上百年的大瘟疫黑死病，造成一大半的歐洲人口病亡。在這個背景下，一部分歐洲人對上帝開始質疑，認為上帝如果存在，為何祂不垂憐人，怎能讓人病痛慘死至此？他們信仰上帝，天天都向上帝祈禱，結果該死的人卻還是都死了，所以在這樣的背景下形成了

思想的解放和爆發。

　　西方中世紀之後的思想解放，就是打破並脫離了上帝信仰的枷鎖，不再繼續信了。既然沒有一個能左右我命運的上帝，就要自己研究宇宙發展的規律，這就是文藝復興。在文學、哲學、思想、科技各方面，一批不信上帝的無神論者開始研究宇宙運行的規律，隨後出現了伽利略、哥白尼這些人，逐漸形成了現在西方科學的這套體系，因而現代西方科學本身，逐漸就變成了一種信仰。

　　西方信仰信奉上帝，即堅持「一神論」的有三大宗教：基督教、伊斯蘭教、猶太教。基督教信上帝耶和華和祂的兒子耶穌基督，伊斯蘭教信真主安拉和先知穆罕默德，猶太教信上帝耶和華和先知摩西。基督教和伊斯蘭教自古以來劇烈衝突不斷，然而，伊斯蘭教信的先知穆罕默德即是真主安拉的使者，那真主安拉到底是誰？其實真主安拉即是上帝耶和華。由此角度來看，伊斯蘭教和基督教信的是同一位神。即是說，現在世界上的三大宗教，基督教、伊斯蘭教、猶太教，其實都信同一位神，就是上帝耶和華。所以我們就知道，三大宗教再怎麼劇烈的衝突，也叫做親兄弟窩裡鬥。而事實上，這三大宗教的信徒總量，基本上占了世界總人口的三分之二。

別看中國人口眾多，但華人所信的佛教、道教都不是世界性的宗教，只是區域性的宗教。中國的宗教體系，從來就沒有任何一個達到世界級、世界各個人種都信奉的程度，只局限在中華的中土大陸，如果儒學也算一種宗教的話，那也是在華人內部傳承的，並非世界性的宗教。

如此說來，我們華夏文明中到底有沒有信仰？炎黃子孫肯定不信上帝，那我們信什麼？有人說我們信觀音菩薩、信太上老君，可是關鍵在於你是怎麼信的？臨時抱佛腳的信不算信仰，得真正形成一個統一的、全民族的、銘心刻骨的共同信仰。那中華民族到底是什麼信仰？是否曾經嘗試著深思這個問題？

信仰在文化之上，比文化層面還要深。如果沒有統一的信仰，我們現在還能叫中華民族嗎？一個民族的凝聚力不僅體現在語言文字上，信仰更是非常重要的部分，如果沒有統一的信仰，就沒有統一的文化背景，文明就是沒有根基的，也就沒有整體的文明體系。所以，一個民族真正要有凝聚力，更重要的是其信仰。三大文明古國消亡的關鍵原因，不僅是其語言和文字消亡，更重要的是其民族最基本的信仰先消亡了，然後文化文明才逐漸消亡。

中華民族自古以來，深刻於心的、最基本的、第一個

信仰是：無神俱靈論。無神俱靈，不但是華夏文明的第一個信仰，也是我們最重要的信仰。為什麼說是無神呢？炎黃子孫不是信閻王，信觀音菩薩嗎？因為對於神，中國人的信法，和西方信上帝的方式不一樣。

無神俱靈所說的「神」不是指有神通的獨立存在，而是指像西方上帝那樣的、在宇宙當中唯一的、全知全能的創世之神，這一位神不僅創造萬事萬物，而且主宰著全宇宙任何的有情與無情之物。西方統一稱之為「一神信仰」，亦即只有上帝耶和華這麼一個神，祂創造了一切，包括我。

而東方的信仰體系裡，並沒有這樣一個「唯一」的神。中華自古以來的神授文明中所說的「神」，與西方的上帝概念完全不同。我們講的觀音菩薩，或是上古時期的那些神和半神們，在中華的概念中是人們的老師；人不是祂創造的，祂也左右不了人的命運。祂在我們心中，是我們的偶像，是我們學習的榜樣，是我們嚮往的圓滿對象，是我們的老師。所以，觀音菩薩從來都說祂度化有緣人、指點迷津，而不是說：「你的命運我來掌握。」所以，中華東方文明中，神的概念和對神的理解，與西方包括印度、歐洲、非洲是完全不一樣的。

中華民族自古以來就是無神論者，但並不是現代所說

的唯物主義。唯物主義源自於進化論，跟中華民族的無神論是完全不同的概念。唯物主義講究眼見才為實，人死如燈滅，只活這一生，死後灰飛煙滅、一切皆消散，沒有來生，沒有後世，也沒有輪迴；我就是來自於宇宙的隨機組合，我死了就變成分子、原子，消散於宇宙世界空間中，什麼都沒有了。

然而，唯物主義現在少有人提了。試想如果唯物，人應該怎麼活？還需要什麼道德？這一生何需積功累德？如果目標、理想、輪迴都沒有，下一生跟自己毫無關係，那麼這一生就任意妄為，甚至胡作非為、想幹什麼就幹什麼，做個平民百姓活一百年，還不如轟轟烈烈活十年。這豈不太可怕了！如此道德一定會淪喪。極致追求感官刺激，怎麼舒服、怎麼瀟灑，就怎麼來，要不這幾十年、一百年，庸庸碌碌，毫無作為，多不舒服！若是唯物主義這套思想灌輸到全民族，那我們就真的都是這樣了。

中華民族的無神是指「沒有造物主」，宇宙當中沒有一個創造我、左右我的命運，或者創造萬事萬物、左右萬事萬物命運的神。並不是說我們不相信有大神通的人。然而什麼是大神通？其實，每一個人都具備大神通，那就叫「本性具足」。看似神通，其實不是什麼神通，伏羲、黃帝、

堯舜禹、周文王、姜太公、范蠡、張良、諸葛亮這些人都具備。我們說的神人，就是有神奇功能的人，他能夠掌握自身的規律，同時又能掌握宇宙自然的規律，甚至能運用宇宙自然的能量。

比如諸葛亮借東風，寒冬臘月，中南地區的長江中游一帶怎麼可能刮東南風，一定都是西北風。但是，諸葛亮運用八卦能量、奇門遁甲，左右了自然，左右了天相，就能做到呼風喚雨、撒豆成兵。

這樣的能人，古代比比皆是，諸葛亮、張良、姜太公這些廣為人知，是小說、傳說故事將他們大為渲染，使他們留名後世；但是還有更多人我們根本就不知道，都是沒沒無聞的也在做這些神奇之事。在中華的歷史上，宋以後逐漸少了，但宋以前這一類能人比比皆是，其實現在也有，只是深藏不露、不為人知。

在東方的概念裡，具備大神通也與西方所謂「神」的概念不同，東方看來那就是人，是掌握了天道宇宙自然規律的人。諸葛亮、張良是人，范蠡、姜太公也是人，誰掌握了這套規律，誰就能啟用。有人說，大神通天賦異稟，都不是一般人。並不是的，中華的這套智慧，如果對人是有前提要求的，只有幾人能學會，那就不叫「規律」了。

這就是東方和西方信仰體系完全不同的地方。中華信仰講究的是人人皆有佛性，只要有緣遇到明師，修行的路是正確的，人人透過修煉，都能修成神仙，都能修成佛。

而這裡說的「神仙、佛」，不是像西方的神、造物主那種概念。東方的神仙、佛，是掌握了宇宙自然規律的人，都是人。我們中華沒有造物主式的神，也沒有外面的神能左右我自己的命運，必須把這個基本的信仰理解清楚，後面才能進入經典學習。所有的經典都是由這些最基本的概念貫穿，沒有這些概念，讀經典時根本理解不了，甚至根本不知道經典在說什麼。而我現在講的都是華夏文明體系中最基本的概念，「無神」就是前面所講的意思。

說到沒有造物主，就會有人問：「我怎麼來的？宇宙自然萬物是怎麼來的？」後面再跟大家講解這個問題，因為這不是兩、三句話能講明白的基本概念，也不是現在的主題。關於人是怎麼來，是不是進化來的？宇宙萬物是不是宇宙大爆炸後，慢慢進化形成的？其實不是的。有機會我會用西方的量子物理學理論，展開講一講我們是怎麼來的。之所以不用祖先的經典講，因為現在你還不信，而用現在國際公認的西方量子物理學的數據，以及實驗結果來講解，然後回過頭來對比中華經典所講人類的起源、萬事

萬物的來處、運行規律，再看一看與現在西方最前沿的量子物理學的結論，是不是能夠一一印證、能夠完全契合。

國學系列要講的東西太多，現在先談基礎框架，後面再涉及全面，有興趣的讀者，不妨一直讀下去。這個國學系列，總共會講多少課、編輯多少書我都不知道，也許講一輩子，也許明天就不講了。這些都沒法確認，都是個緣。

知道了中華祖先的第一信仰「無神俱靈論」之中「無神」的意思，那何為「俱靈」呢？祖先說，萬事萬物皆有靈，並不是說有神，神和靈的概念不一樣。有形之物即有靈，這個大家應該都能理解。任何事物皆是由「形」與「靈」和合而成，這就是陰陽，任何事物都是由陰陽組成的。那靈具體又是什麼？

可以這樣理解：我是一個人，是由血肉筋骨和各種組織器官組成的。現在西方科技非常發達，可以完全按照我的外形，按照血肉筋骨、各種器官複製一個人，我和這個複製人有何區別？區別就在於，一個是活的，一個是死的。完全複製的是死的，不是這個活的我。現在西方研究機器人，機器人永遠都是機器，不能叫活的人；或者活狗和死狗對比，都是躺著，活的躺著是在睡覺、身體是熱的，而死的一摸是冷的；而且死的幾天後會腐爛，活的還能繼續

活十幾年。

　　表面看似沒什麼不同，為什麼會有活和死的區別呢？原因就在於：活的既有形又有靈。我有我的靈魂，所以我是活的；死的只有形沒有靈，靈魂即是靈體。中華的祖先認為，宇宙中只要有形之物都有靈相配；沒有任何有形之物是無靈的，有形無靈馬上就會爛掉，即進入分解的過程。正如上述剛剛死了的狗，外形和活的沒有區別，看似還是一隻狗，但其實它已經開始進入了隨時分解的狀態，過一段時間後形也就沒了。何為靈？我們暫且就叫靈魂。不要一說靈魂就想到所謂的鬼，就害怕，這樣理解靈就跟老祖宗的智慧不一樣了。

　　要把「靈」徹底說清楚，就得深入典籍，典籍裡有客觀的描述，現在先講個框架。中華老祖宗對宇宙自然人事物的認知是什麼呢？所有正常的宇宙自然萬事萬物一定有形亦有靈，這就是「俱靈論」。這是中華文明第一大信仰重要組成部分，必須得理解，而所有中華經典都不離這個基礎，無論儒學的經典、佛學的經典，以及兵法、陰陽學、玄學、奇門遁甲，想要應用中華老祖宗的大智慧，必須得認同這個基礎，而且要領悟，然後才能理解經典說什麼，後面繼續教授方法以後，才真的能應用。所謂方法即指在

此基礎之上，還有太多的定理定律要掌握，需要明師指點學習，永遠都不是聰明就能想明白的。

在此再講授一個定理定律：萬物皆有靈，且靈與靈之間都是能相互溝通的，能相互影響與作用。中華老祖宗的這套文明體系，真正要落地應用就離不開這個規律基礎。如果不清楚這個規律，你有再強大的特異功能，也僅僅是所謂江湖大仙兒、江湖術士，也不可能成為明師，無法引領大家走上修行正路的捷徑。

理不通，即沒有道，只有術，把這看似神奇的術教給別人，就是在害人。身為明師，必是先傳道，再授業，然後才是解惑。道先通、先懂，即是理上明，然後教授方法，再去落地運用。治病破災也好、調心轉運也好，預測也好，都是啟用的方法，一教就會，非常容易。但是首先，必須先在道上、在理上明了，然後才可以教你在術上用，下山之後到人世間的滾滾紅塵中運用所學，有了疑惑，再上山來請師父解惑。解惑的過程和意義，就是更深的傳道、授業的過程，如此循環往復。能學到什麼深度，學到什麼高度，就取決於弟子學生的心態。

一般人剛入師門，對法門、對師父都是五體投地崇拜。但修習的時間一長，恭敬心、敬畏心逐漸就沒有了，感覺

師父也是人；下山歷練、應用之後覺得自己很了不得，然後再看師父感覺都是缺點、都是不足，就開始誹謗，開始欺師滅祖。這樣的人很多，後面也就無法再學了。這種心態，難道師父看不出來嗎？稍微給點考驗，就承受不了，心中的怨恨、嫉妒就會具現，到那個時候，修行之路也就自己斷絕了。其實，大多數人都是這樣的。

有緣的人遇到明師以後，不見得都能一直跟著走下去，真正能跟著走下去的其實寥寥無幾。所以這就是所謂「剩者為王」，遇到明師，又能跟著一路走下去，最後還能剩下的，一定都是心態很好、品行修為很高的。而師父一定是用時間來考驗弟子，不斷的讓他經歷各種事情來考驗，真正能經得住考驗的人並沒有幾個。

有人說：「好不容易遇到明師了，怎麼能不跟下去呢？」剛開始都會這麼想，但是當嫉妒心昇起來，妒火燒起來的時候，火燒功德林，就會什麼都不顧了。很多人就是這樣遠離了師門，其實即使自己不遠離，師父也不會再要你了！

第二節

我的命運我做主
循天道傳承上古

中華的信仰，第一個就是「無神俱靈論」。這一定要牢牢記住，因為一直會應用，而且貫穿了所有經典，理解不了就學不了經典。無神俱靈論是中華上古傳下來的文明，是與西方信仰體系最大的不同之處，也是最基本的觀念分歧之處。中華的信仰是無神，而西方為什麼是有神論、一神論？在系列前一冊講述中華文明源起的時候提到，上古之神降落在中華大地，創造了華夏史前的上古發達文明，其特性就是讓人們找回自我，而不是讓人們拜神。西方的另外三大文明古國時期降落下來的神，共同做法則是讓當時的人拜祂們為神，卻不教人們宇宙自然的規律。因此，形成東西方文明源起的不同。

所以我們生為神州大地的炎黃子孫，是多麼難能可貴！人身難得，能生在中土更是難上加難！每一位炎黃子孫都要好好理解，這就是我們在信仰上最基礎、最根本、最深層的，與西方的不同之處。

中華的信仰承認萬事萬物有靈，所有的有形之物皆有靈，都是靈與形和合而成；而且靈與靈之間可以相互溝通，絕對平等；同時，中華不認為有個唯一的、高高在上的、主宰著所有萬事萬物的造物主，這就是無神俱靈。是祖先留給我們的智慧，告訴我們宇宙自然的規律，然後再繼續教我們怎麼用。

靈與靈絕對平等。形也許不同，有大有小、有高有矮，但是其背後的靈是平等的。比如螞蟻和火星相比，體積上火星比螞蟻大太多了，根本沒法比，但是它們的靈是平等的，靈無大小之分。所以，中華民族的華夏文明之中，沒有高高在上的神。

很多人信佛、信觀音菩薩，但你能說命運是觀音菩薩安排的嗎？中華兒女肯定不會說：「我是觀音菩薩創造的，只要聽觀音菩薩的話，祂就什麼都給我安排好了；如果不聽祂的話，祂就會懲罰我。」中國人內心所信的並不是這一種！我們的觀音菩薩是慈悲的化現，是救苦救難的大願化身，我們要向觀音菩薩學習，學習祂的大慈大悲、祂的大願、祂的救苦救難、祂的「拔眾生之苦，滿眾生之願」。觀音菩薩會點化、教授方法，讓人們自己走向圓滿，會指點人阻止自己的墮落；而不是在人要墮落之時，一下把他

從地獄裡抓出來；也不會說「你信我，我就救你上來。」觀音菩薩更不會相中某個人、喜歡某個人，就直接帶他實現圓滿，送他成為菩薩。

中華民族所相信的，是觀音菩薩所教的方法，讓自己克服五毒六欲，習得方法從地獄中自己出來，自己昇華、自己圓滿，這才是中華真正的信仰。觀音菩薩，那是我們的老師、表率，是我們的偶像、嚮往的對象，也是我們圓滿昇華的方向、學習的目標。

在中華信仰裡，佛是我們的明師，但祂並不是我們的造物主。中華承認萬物皆有靈，但沒有造物主，這一點很重要。佛法起源於印度，但於西元七世紀後在印度本土逐漸衰微，並且在印度斷絕前，傳入中華中土，便在中土生根發芽、壯大輝煌，一直延續到現在。為什麼佛法沒有在印度延續呢？因為佛法的教理和印度本土的婆羅門教截然不同，所以佛法在印度僅是階段性的興盛。在印度大陸來講，佛教徒都是叛逆者，所以婆羅門教為基礎的印度教興起之後，強大的原始宗教就將佛教從印度趕了出來。

直到現代，佛教雖經由其他國度重新傳回印度，但在印度仍是改良了的小眾信仰。唐玄奘把佛法的精髓從印度取經帶回來中土，五十年後，佛法在印度就開始沒落，後

來甚至消失了很長一段時間；卻在中華大地開始生根發芽，茁壯成長，直至現在。這是因為佛法的教理教義，和中華神授文明是完全一致的，所以佛法到了中華，馬上就融入到中華的整個文明體系中。

這也是前面所說，現在中土佛法並非印度當時佛法的原因。唐玄奘取經回來的佛法經典精髓，以及達摩密傳過來的佛法心法，在六祖惠能這裡和中華文明體系完全融合，因此六祖惠能是集大成者。而這一整套體系取了一個「禪」字，也就是「禪宗」的由來。從「禪」的出現，中土佛法就已經不是印度佛教所傳的佛法，已經完全中土化了。「禪宗」由六祖惠能確立了正統地位，也由此說明「禪」是中土化的佛法。

有人曾有疑問：「老師讓我們多讀《道德經》、《易經》、《山海經》、《黃帝內經》這些經典，為什麼卻沒讓我們讀佛經呢？」提醒大家少讀佛經，不是因為佛經不好，是因為如果你讀不懂真正的意思，又硬要去讀，會把自己引向歧途。佛經都是由古印度的古梵文翻譯過來的，中間經過一次翻譯，佛經裡說的深意你根本就理解不了，如果只是自己按照翻譯的佛經解讀，一定會解讀錯誤。

但是中華的《詩經》、《易經》、《黃帝內經》、《道

德經》這些經典，你不需要去理解它的意思，只需去讀，你的身體、命運、情感、情緒、脾氣秉性都會發生變化。這是從中華上古神授的文明體系中直接傳下來的，後人只需去讀就好。而佛經並不是如此傳下來的，所以佛經有佛經的學習方法，不能混為一談。必須有老師引領你，指點你做什麼你就去做，而不要自作聰明。一說讀經，有人就把《楞嚴經》拿出來讀，你承受得了嗎！有人還自己背誦楞嚴咒，認為那是咒中之王，但你知道咒裡蘊含的是什麼嗎？沒有明師引路，千萬不要盲修瞎練，否則很容易誤入歧途，毀了自己！

　　讀到這裡，是否已經感覺華夏文明的學問十分博大精深？但是，千萬不要以為只要讀書就是好，以為古代傳下來的書一定都沒問題，這麼理解就錯了！有一句俗話說明白：「假傳萬卷書。」外面有多少假書！流傳著許多風水、氣功，甚至奇門遁甲的書，然而真正的奇門遁甲怎麼可能寫成書到外面賣呢！若是看書就能把奇門遁甲學通，那也太小看中華老祖宗了。按書上寫的「意守丹田」守一個月試試，看看結果是練成還是練壞？有誰看著書把小周天練成了？都是神通沒練成，反而練壞成神經了。真正的修行方法非常深奧，學會之後用起來很簡單，但是深奧的是其

理。並不是聰明人把書本打開、一拍腦袋就能悟出來、就能開始練的。若是那樣，又何需法門、法脈？修行的方法本就不是人能發明創造出來的，更不是人在身體上實驗出來的。

這是上古之神傳下來的智慧體系，是祂們將我們的生理、機能，我們的形與靈，包括宇宙運行發展的規律，都深刻掌握了以後，創造出這些修行方法，教給人們，看似簡單，用起來特別有效、特別神奇。人僅憑自己的聰明能掌握什麼，發明什麼呢？一定要記住：信而好古，述而不作。

修行方法不是人能發明創造的。例如站樁，最有名的混元樁，看似僅僅一站很容易，說是自古祖傳，雙手合抱似球一站，只要練就能強身健體，繼續練到高層就能成為武功高手，甚至神通廣大。許多人信以為真，天天練這個混元樁，極端的一天練十幾小時，甚至不睡覺，最後練壞了多少人啊！混元樁創始人實在良心受不了，就向大家道歉，才說並不是祖傳的、而是他自編創造的，他自認為這麼站就能強身健體，就能有那些功能的。

如此簡單的站樁，都得有密傳，也不是僅靠聰明就可以自創自練，好像張三豐突然有天夢裡創出一套八卦劍、

一套太極拳，可不是那樣的。人創造的一定都是有漏的，尤其修行相關，中華祖先所傳下來的整套方法，都是上古時候神留傳給我們的修行方法，不能任意改變；後人去創造，只會害人。僅僅是站樁練不好都容易出問題，原想強身健體，結果把身體練得四分五裂、神不守舍！更何況大周天、小周天，盲目修練更加危險，會練得不死也瘋。

這並不是危言聳聽，既然是我的讀者，我們就是有緣人，我在此認真警示、點醒大家，沒有明師，千萬不要盲修瞎練！記住切勿在書本上自學任何修行、打坐、四禪八定、聽呼吸等等。有些所謂大師、高僧大德，在書上寫得頭頭是道、寫他練到了什麼境界，卻都是從別的書上摘錄出來的，當成自己創造的方法來吸引粉絲。更有些所謂的大師自己根本不練，卻出了很多書，誤導眾生害人子弟，甚至他自己都不知道是在害人，還以為是在幫人、是在造福。

因為是有緣者，所以我在此點一點。當然，信不信在大家，我可以明確的說，如果真要練意守丹田、大小周天等，若是練得感覺形神要出問題，心生恐懼、氣血散亂的時候，一定馬上停止，千萬不要再繼續。記住，只要練得不舒服，或者世間出現很多不好的徵兆時，一定馬上停住，

千萬不要再照書上去練。

　　我一再對有緣人強調，向道之心人人皆有，也叫做菩提心人人皆有，但是要想圓滿菩提心是有前提的，那就是「法侶財地」缺一不可。何謂法侶財地？法就是有明師引路，傳你正法，這是第一優先；侶就是要有同修，一個人獨修太難了；財是要有福報，衣不蔽體、食不果腹，天天想修行是不可能的，一定要先積福報！地則是指道場。修行是大事業、大使命，不是一般的福報能有緣得遇明師的；想走上修行之路，但沒有財，還得天天朝九晚五為生活奔波，那就放下修行吧！先把世間法修好，世間法就是先把人做好，把你該盡的責任、義務做好；當法、緣、福都具足了，再去修出世間法。法侶財地缺一不可，這是修行最基本的前提。

　　無神俱靈，是華夏文明的第一信仰，必須牢記和領悟。華夏文明不信造物主式的神，信的是我就是所謂的神，我不是另外的神創造的。誰也創造不了我，我就是我自己創造的；我所感知到的，與我相關的宇宙萬物都是我創造的。

　　聽到此，有人會覺得這說得太狂妄了，「怎麼能這麼說？太陽是你創造的，銀河系是你創造的，火星、地球都是你創造的？親人、朋友、包括我也是你創造的？」先請

稍安勿躁，現在只是先說個框架，後面我都會仔細講解清楚，為什麼銀河、火星、地球都是你創造的、山河大地、日月星辰都是你創造的，但這不是現在的主題，更深層的容後再敘。

現在所交流的信仰，是中國國學、華夏文明中最基礎的，類似於現在正在教「二加三等於五」這個階段的內容。現在也先不用著急問，「為什麼二加三等於五，而不等於六？」那是更進階，到數學專業博士才研究的問題。現在先不必管為什麼，我告訴你基礎規律，你就先按規律做，我也只是對有緣人講授，信就繼續學，不信就不必學了。先學會最基本的，後面再逐步深入講解真正高深的，諸如為什麼是這個算法、規律的原因，那是後面的內容。

記住，華夏文明中沒有造物主式的神。伏羲是中華上古之神，把萬事萬物的規律傳給後世，我們也並沒有把祂當成造物主；盤古開天地，身體化成了宇宙萬物，我們也沒把盤古當成造物主；傳說女媧造人，用泥土造出人類，我們也沒把女媧當成造物主。神龍、伏羲、女媧、神農氏、燧人氏等上古之神傳授給炎黃子孫的文明體系中，最基礎、最重要的一條規律，就是：外面沒有造物主，一定不要向外求，一切都要向內找，外面沒有任何人、神、佛、上帝

可以左右我的命運，我自己的命運僅僅掌握在我的手裡，我自己才是自己唯一的主宰。牢牢記住這一點！同時，我們承認萬物皆有靈，靈與靈之間是可以溝通、絕對平等的。

如果繼續傳授更深的道和術，所謂「用」都是從這兒起用的，所以前面講的，大家必須深刻理解。因此，東方和西方是完全分歧，甚至完全對立的。信仰是文化文明的基礎，中華第一信仰、最基本的信仰，就跟西方截然不同，甚至對立，再往下也都是對立的。如何實現文化融合？這就是學問，就是智慧了！

中華的第二個信仰，就是「敬天」。中華民族自古以來就敬天，「天」有幾種意思，而在此最重要的意思則是：宇宙自然的規律。中華民族敬畏、遵循宇宙自然的規律，講究人與大自然和諧共生、不與大自然對抗對立，這就是敬天，是中華民族的內心都有的基本信仰。

我們從小受的教育就是：循天之道，合地之規，與天地同在；天人合一，天人感應；人法地，地法天，天法道，道法自然。所受教育就是與自然和諧共生，與萬事萬物和諧共生；敬畏大自然，遵循宇宙自然的發展規律，不與天道違背，不與地道做對，這就是人道。所以，中華上萬年以來，在這塊大地上的一切發明創造，都本著一個最根本

的原則，就是：不破壞生態，不破壞大自然，不與自然生態作對，不會為了自己的感官享受和私利便捷，向大自然無盡的索取或破壞。

中華祖先在這塊土地已經生活了幾十萬年，甚至上億年，我們從來就沒有破壞過它。然而近代僅僅兩百年內，為了向西方學習，為了所謂超英趕美，把西方那套硬生生搬到中華大地上使用，結果現在變得如何模樣？看似經濟發展、民生富足了，看似高樓林立、百業興盛、經濟繁榮、創新不斷，結果中華大地上的植物、動物，都滅絕了！秀麗的山河大地全都變成了鋼筋水泥，森林砍伐變成荒地，本應是沙漠反而種樹，本來是草原變成了耕地，全都是違背著大自然的規律，而這都是向西方學習的結果。我們變了！

原來的中華大地是西方最嚮往的，風調雨順、國泰民安，人人知禮循規，所以中華有「禮儀之邦」之稱，從上古文明、中古文明，到漢唐宋明皆是如此。結果現在災難不斷，中華大地一片霧霾，這都是心霾，是集體潛意識的投射。而在古代，如果哪個地方有霧霾，皇帝會非常緊張！霧霾在古代代表什麼？西遊記中常出現一幕，唐僧師徒四人走到一個地方，孫悟空抬眼一看：「不好，前方妖氣升

騰，必有妖物作怪。」妖氣就是現在我們所說的霧霾，現在已經嚴重到何種程度，不需孫悟空的火眼金睛，僅用唐僧似的一雙肉眼凡胎都四處可見了！現在中國全國上下，從南到北，萬里霧霾，妖氣升騰，其實何止是妖氣，甚至已經成魔了！

而「妖」是怎麼來的？在此不是嚇人，也不是迷信。「妖」是指一個區域的人，人心不古、爾虞我詐、勾心鬥角、怨毒衝突，互相攻擊。當一個區域的每一個人心中都是這樣的時候，內就會感應外。當大多數人，甚至每一個人內心都有了妖、或有了魔的時候，自然就會感應到外界的妖魔。而外界妖魔的呈現形式，不是真的有大妖怪駕著烏雲、舉著九齒釘耙來搶美女，來禍害人間；而是呈現地動山搖、狂風暴雨、颱風洪水，或是大瘟疫等等，呈現在氣候災難、地質災害，或是疾病瘟疫等方面。

人心不祥和、人心有衝突、人心怨毒的時候，這樣的地方絕不可能風調雨順。這也是華夏上古智慧告訴我們的，所以有句俗話說，「窮山惡水出刁民」，並不是因為這個地方條件窮困、環境惡劣所以出刁民，而是因為這個地方的人心壞了，都是刁民了，然後山水氣候才變的。現在的中國，人心向善嗎？有知識、有文化、有信仰嗎？講究人

與萬物、與大自然和諧共生嗎？反而是為了賺錢不擇手段。

人心祥和了，自然天地一片祥和，災難都得繞著走，古今中外都是如此！這就是中華老祖宗智慧中的天人合一、天人相應的道理。真正治理霧霾，不是治理外界環境，不是治理取暖燒煤、汽車廢氣，而是治理人心。

古代每當一個地方有了妖氣、有了霧霾、人心不古，那這個地方要嘛大旱、要嘛大澇、要嘛蝗災、要嘛瘟疫。那時候就有聖人、道士下山，教化眾生，斬妖除魔。這並不是說道士下山把一隻現實的妖斬了，那樣妖雖滅了人心還是壞的，馬上又會來新的。而所謂妖魔是被人心吸引來的，真正的道士、聖人下山後，不是斬外面的妖魔，其實外面沒有妖魔，而是斬當地眾生心中之魔，透過教化眾生，讓大家知道自然的規律，和諧共生，放下心中的怨恨，放下心中的嫉妒。心平氣自和，一點一點潛移默化，用一年、兩年、幾年的時間，不斷的教化眾生，當這個地區眾生心中戾氣都被化解，沒有了怨氣、毒氣、殺氣，自然就會天降甘露，驅散霧霾，風調雨順，國泰民安。

敬天，是指華夏上古之神給華夏民族傳下來的天道規律，炎黃子孫都要敬畏。每一個中國人的內心都有敬天的

信仰。雖然人們平時外表看似不懂這個理，看起來乖張、怨毒，但一講這個理馬上都能認同，這就是中國人內心中、骨子裡的東西。

反觀西方，他們是否敬畏大自然？他們做事的原則是什麼？他們為了自己感官的享受，可以徹底破壞大自然，森林砍光、石油採空、大地乾涸、地下抽空、動植物滅絕……都是從西方工業革命開始，各種污染排放、氣候氣溫持續升高，臭氧層出現破洞；現在表面上看似保護自然環境了，其實更過分，現在研究的都是直接毀滅地球、毀滅人類的武器，比如核武器、生化武器、基因武器、地震武器。

這是按照人類發展規律去做，還是違背人類發展規律呢？為了追求強大的力量，為了能夠征服全世界，他們可以發明創造毀滅人類的武器。現在總聲討中國在破壞自然環境，這些是中國人能幹出來的嗎？是誰先開始破壞環境的？誰的軍事科技發展在破壞地球生態？又是誰逼著地球要去流浪？

中華不會研究這些毀滅性的科技和武器，更不會率先使用這些，但西方一旦研究出來了，中國不得不跟上，否

則就會被動挨打、被壓制欺負。中華是敬天的，要生態和諧，講究人類與地球自然和諧共生，若是地球被破壞，人也會遭報應、被滅絕，可惜西方並不理解這個理。這就是中華的第二信仰，是上古流傳下來的「敬天」。

中華第三個信仰叫「法祖」，「法」是遵守、遵循、傳承，「祖」是祖先。中華民族對先祖不僅是敬畏、崇拜，更是繼承、學習、傳承。世界上，只有中華民族對祖先是這個態度，只有我們才有隆重的祭祖儀式，祭奠我們的上古之神，祭奠我們的祖先。只有中華才有法祖的文化，而法祖延伸出去，就是中華孝道文化。

西方人和父母、祖父母的關係是什麼樣的呢？你生下了我，十八歲後，你是你，我是我，彼此各自是獨立的個體，沒有太多關係。但是在華夏文明中，祭祖、法祖、孝道是一脈相承下來的，也是基本信仰中非常重要的組成部分。因為有法祖的信仰，我們現在才能懷著敬畏之心、崇拜之心、承繼之心，來讀二千五百年前的祖先經典。

每年一到清明節的時候，很多海外華人都回國祭拜黃帝，然後再回自己家鄉祭拜家族的祖先。全世界只有中國有這個現象，西方人不祭祖，他們拜的是上帝，過的是上

帝和耶穌的節日，有受難日、聖誕節、復活節，全民都放假慶祝，但祖宗他們不管。而中華文化中最重要的活動之一就是祭祖，祭祖的時候，同姓同族都會回家，華夏炎黃子孫都會回家。中華民族對祖先，不僅僅是對他個人的崇敬，不僅僅是對他個人智慧的傳承，同時是對這一整套從上古傳下來的文明體系，抱持同樣態度：敬畏、崇拜、傳承、繼承，我們決不丟失！

無神俱靈、敬天、法祖，這三大信仰是中華民族、華夏文明最深層、最基本的三大信仰，一定要牢牢記住，華夏的文化和文明是建立在這三大信仰基礎上的。而這三大信仰也都保留在炎黃子孫的內心深處、骨子裡，在血脈裡深深的流淌著，不曾消失，也消失不了。我們之前可能沒有意識到，但一旦被點化了，就會被啟發激活出來。

這三大信仰是中華民族的根基，形成了中華民族強大的凝聚力，由這些信仰延伸出來的文字、語言、文言文系統，都是為了信仰傳承。如果沒有傳承之力，沒有傳承之願，不可能發明這一套文字、語言、文言文體系。西方為什麼沒有這種亙古不變、易於流傳的語言溝通系統和文字溝通系統呢？因為他們沒有「法祖」這個信仰概念。他們

只看前方未來的發展，從不往後回顧過去，因為他們不要繼承任何以前的智慧。

　　中華民族可不一樣，中華民族一定是要往後回顧著看的，回顧什麼？上古神授的文明體系，是我們一路發展前行原動力，它一直推著我們向前走。所以我們都是站在前人的肩膀上繼續往前走，這是我們和西方的不同之處。

第六章

祭祀——古代中華第一重
孝禮儒學一脈承

第一節

因德教化立聖人三不朽
天地隔絕人神溝通靠祭祀

　　說到經典和智慧，想到的就是讀書、讀經典。讀經典當然非常必要，文字、語言、文言文體系當然是最基礎的，非常的重要。但是學國學要一步一步的來，國學包羅萬象，不能像老學究似的，拿起經典一篇篇、一句句的讀，然後一字字的講解經典展示了什麼，我想那樣大家可能也就不願意聽了。

　　講經典時，要秉承一個最基本的原則：孔聖人教化眾生是抱著什麼目的？孔子教化眾生，是教眾生經邦濟世的學問。所謂聖人有「立德、立功、立言」三不朽，他是要把迷茫中的眾生度向彼岸，用大智慧將眾生度向昇華、圓滿的彼岸，這是聖人廣開教化之門的意義所在。那孔子用什麼方法來度化眾生呢？

　　之所以稱孔子為聖人，其實我們用什麼言辭形容他的偉大都不為過。孔子教化眾生有一整套的教化之道，被稱為聖賢教養學。這一套教化之道非常系統，並且非常落地。

從 3 歲到 7 歲、7 歲到 15 歲、15 歲到 18 歲幾個階段，是孩童成長過程中，直至成人之前，一套分階段、成體系的教養之道。中華歷史上，這套教養之道在什麼時期開始使用，而且真正卓有成效呢？就是在大漢的時候。

漢武帝時期開始全面遵從儒學，大漢民族開始應用儒學這一套聖人教化之道。這套教化之道讓大漢時期文臣武將、少年英才輩出，達到了武功的鐵血頂峰，北擊匈奴並直接趕到了歐洲，緩解了多年的匈奴邊疆之患；同時，華夏文明的文治也在此時到達巔峰。而且，漢朝菁英個個都是年少成名，武將霍去病十八歲掛帥，帶領千軍萬馬，深入大漠斬匈奴單于；而那時文人代表桑弘羊，少年英才精於經商之道，十三歲就被武帝招為侍中，都是十幾、二十歲就建功立業。而且整個漢唐時期，很多讀書人年紀輕輕就能出將入相、建功立業。

反觀現代的年輕人，二十多歲還沒有工作，還在家裡當小孩兒養著，俗稱啃老。那漢唐時到底有何不同呢？漢武帝時期罷黜百家、獨尊儒術，漢武帝認為儒學是最圓滿的大智慧，所以從上到下，全國公學、私塾全都以儒學五經為主，分門別類， 3 歲到 7 歲啟蒙學什麼，7 歲到 15 歲的小學學什麼，15 歲到 18 歲的大學學什麼，都依循孔聖

人制定的整套教養學。這套教養學亦稱為漢制聖賢教化之道，或者菁英教化之道。

漢唐時候教育體制，現在已經無法徹底研究清楚，因為孔子當時所傳的五經六藝，現在基本上都已經失傳了。然而，現在我們應該要把五經六藝重拾起來，把這套教化之道重新挖掘出來，重新流傳下來，這對現代的中華教育，有非常重要的啟迪作用和示範作用；教育工作者如果能學習這一套夢寐以求的智慧，那對教育界、教育體制也有著非常大的借鑑意義。我們傳承的漢制聖賢教養學，是全世界最好的、最完善的、最符合人心理與生理發展狀況的教化之道。

西方教育體制實行了大概兩百年的時間。自文藝復興、工業革命以後，西方開始崇尚自然科學，打破了對上帝的信仰，而西方現在的教育體制，完全是一套基礎的自然科學教學，孩子從 7 歲上小學開始一直到 22 歲大學畢業為止，一直都在學習自然科學。而自然科學就是西方認同的所謂自然規律，包括數學、物理、化學、文法、歷史、地理等等，都屬於自然科學的一部分，然而事實上，僅是學習這些根本就是在耽誤時間。

西方的這套教育體制不是教化，只是自然科學知識的

灌輸而已，且灌輸的知識也不見得正確，不見得是真理。我們在學校學習的知識內容，現在好多已經被推翻了，比如進化論；在學校中學習的歷史，基本是與史實相去甚遠的假史；人們從小學到大學，花費了十幾年時間學習，這是人生最黃金的階段，但是所學的東西，走出校門、進入社會以後，基本上沒有什麼用！尤其在中國，大學的學習除了英語、理工科有一點技術技能，文科在專業上什麼有用的都沒學，真是耽誤時間啊！所以，那種教育根本不是教化。

什麼是教化？真正的教化是教授宇宙自然的規律、宇宙的真相，人在宇宙當中，要先學習樹立做人的規則、然後是怎麼做事、後面是如何傳承。這就是聖人的三不朽：立德、立功、立言。立德是如何做人，我得知道怎麼做人方向才對；立功就是我怎麼做事能成功；立言是我在世間把人做好了，事業也做成了，而後怎麼把這些方法智慧傳給子孫，再千秋萬代的傳下去。

聖人廣開教化之門，其實就是培養真正學以致用的人才。所以在漢唐時期，按照孔子這一整套教學體系，即漢制儒學教化體制，進行教化以後，孩子 7 歲到 18 歲，掌握了宇宙自然的規律，就知道做人應該本著什麼規律原則，

才不會迷茫，才有正確方向；做事能夠掌握規則，也就容易成功；到 18 歲時，就能步入社會直接建功立業了。

然而現在 18 歲的孩子，還無法完全獨立，父母還當成小寶寶。漢唐時 18 歲早已開始闖蕩天下、建功立業了，現代中國人為何不行了呢？孩子到了 18 歲已經成年了，就應該可以出去闖一番功業。漢朝時候，人們 18 歲就可以參加察舉選賢任能了，考試合格就能為國服務。文臣直接去當官治理一方水土，武將則上沙場率領千軍萬馬。那個時候人的平均年齡不到 40 歲，但是當時的人 18 歲和現代人的 18 歲有很大區別嗎？理論上，現代 18 歲的少年應該比古代 18 歲的更成熟、做事更老練、更聰明、更智慧，但其實不然！

這個現象跟現代的教育體制有直接關係。後面我會接著講解聖人的教化之道，既有宏觀的框架，又有微觀的細則，當然有些密傳內容是對弟子傳的，大家要理解。其實我講國學，涉獵的層面很廣，即使是可以向社會大眾普傳的部分，對一般人而言其實已經夠深。但是從法門的角度來講，可以普傳的只是相對淺的部分，更深刻的內容則屬於密傳部分，要擇人而授。有的人對教化之道特別有感覺、

特別有緣，我就把這套教化之道傳給這一類弟子；有的人對風水特別感興趣，那就把風水堪輿學傳給這些弟子；有的人對奇門遁甲、排兵布陣特別感興趣，我也會專授相關密傳。但必須得看到弟子真正有品質、有德行、心態好，經過不斷的考驗，才能夠真正把一整套的理法術體系傳授給他。

孔子有教無類，廣開教化之門，看似所有人他都教，實際上不是的。廣開教化之門的意思，是不分貧富貴賤，下至平民、上至王公，各個階層的人都可以學。但孔子也必是擇人而授！一定有淺顯的內容，也一定有深入的密法，越深越密的理法，更是一定得選心性好、有品德、情緒理性、個性包容的人來傳授。任何一個師者，都必是因人而授、因德而授；若是情緒經常失控、個性極端的人，如何能傳他真東西？傳給他以後不就是禍害嗎！咱老祖宗傳下來的真功夫，可不能所傳非人啊。

比如鬼谷子的那些弟子，龐涓、孫臏學成下山以後，就能翻江倒海、左右乾坤。龐涓格局小、器度小，就會四處害人，自己雖然成功，但是不能包容他人、品行不足，後來差點陷害死師弟孫臏，最後自己身首異處。再看張儀、

蘇秦下山之後，左右著春秋戰國後期的大局，直接改變了天下的形式。所以，明師必是擇人而授。

前面，我們將文字、語言、文言文體系基本上講的差不多了，接著可以步入經典。怎麼步入？首先要知道經典存在的用途。若只是把孔子的文章拿起來就念：「天尊地卑啊，乾坤定矣……」這樣沒有意義，也沒意思。經典是學以致用的。在此先講一講，祭祀跟華夏文明的關係以及何為祭祀；隨後再講一講占卜，大家應該都對占卜比較感興趣。有人認為祭祀和占卜都是迷信，不妨先聽一聽我講的，再去判斷是不是迷信。

祭祀、占卜和華夏文明到底有什麼關係？和經典又有什麼關係？何為祭祀？上古氏族部落裡的薩滿祭天，皇帝也經常祭天祭祖，這些就是祭祀。說到祭祀，很多人首先聯想到類似原始社會的拜天求雨儀式，或是遠古部落裡用活人祭祀、用童男童女祭天等等，覺得都是迷信，甚至覺得有些殘忍。那麼，祭祀與現在的我們沒有關係嗎？我們接下來慢慢講。

從考古學家初次發現商代甲骨文開始，至今約一百年的時間，挖掘出了十五萬片甲骨，而甲骨上記載的內容基

本上屬於兩大類，一類是祭祀的場景，一類是占卜的卦辭。再看《詩經》分為三部分：風、雅、頌。風，就是孔子在十五國采風，從民間採集來的歌謠；雅，就是宮廷殿堂裡面的大雅之音、大雅之作，宮廷殿堂裡的配樂詩。頌，就是祭祀的時候同樣以詩配樂，用以配樂的詩。在《詩經》裡，頌是最高境界的，配的也是最高境界的樂，可見古人把祭祀當成國家、氏族、部落最重要的活動，比平時的生產生活都重要。

其實在我們中華的古籍裡，《禮記》之中也大篇幅記載了祭祀的禮儀活動。學習國學，並不是只把語言、文字研究清楚就算學懂了，不是那麼簡單。清楚語言文字，只能算是認字，你還得知道中華古籍裡記載的都是什麼內涵。其實，為什麼要講祭祀和占卜？因為它就是中華上古傳下來的文明體系最重要的部分。只要閱讀這些自成體系的資料就會發現，不僅僅是孔子，也括諸子百家整理、彙總出來的經典，甚至所有上古流傳下來的資料與遺跡之中，祭祀與占卜這兩個方面都是最重要的。如此怎能不好好研究一下祭祀和占卜呢？在此所講的國學大智慧，正是上古的那套文明體系。夏商周三聖時代，基本上也秉持著上古的

傳統，而上古高度發達的神治社會，為什麼把祭祀和占卜看得最重要？而秦始皇以後，中華正式進入人治時代，直到現在，這兩項基本都沒了。

古人為什麼把祭祀看得這麼重？什麼時候開始有正式的祭祀活動？在此簡單講解一下。首先，祭祀活動的意義非常簡單，就是通神。祭祀上通天、下通地，人通天地。地就是人所在的現實世界，天就是神的世界。神的世界是指高度發達的上古半神文明的世界，上古時候人神共居，那時他們還不需要祭天，因為半神人自己就掌握了神性。那人們從什麼時候開始祭祀活動的？就是天地隔絕了以後，人還嚮往著神，還要跟神溝通，請神再來指點人。於是當人有困惑的時候，就會透過祭祀活動與神溝通。這個意義很簡單，也很直接。

中華的古代有祭祀，西方的古代也有祭祀，然而西方的神被大洪水沖走了，那中華大地的神是什麼時候走的？就是在黃帝的孫子、顓頊大帝決定絕天地通的時候。顓頊在位時發生了兩件大事，一件是共工怒觸不周山，導致大洪水氾濫；另一件大事就是絕天地通，他把人和神的世界從此分開了。從那之後，中華民族才開始了一系列的祭祀

活動。

中華文化中最基本的信仰體系，第一個信仰就是無神俱靈，因而大家一定要記住顓頊絕天地通，留給了中華一項非常可貴的智慧，就是君權和神權分開。中華的君權和神權不是合在一起的。中國歷史上，統治階級稱為王權、君權，但和中華神性分開，即君權和神權是不同的兩個體系，君權是一套體系，神權是另一套體系。但世界其他的國家和民族，多數都是君權、神權合一的。比如日本天皇是神道教的大教主，天皇是典型的君權與神權合一；古代歐洲基本上也是如此，君權和神權也是不分的。宗教對政治的影響，還可以從美國總統當選宣誓就任時觀察到，他的手一定是放在《聖經》上面，所以不信基督教是不可能當美國總統的。

這有什麼問題呢？君權、神權如果不分，隔一段時間就會出現生靈塗炭，百姓戰爭的狀況。過去歐洲歷史上不斷的、大規模的、滅絕人性的大戰爭，都跟宗教與信仰有關。君權為了奪得地位、爭得王權，發動戰爭都只是上層戰爭。但如果君權和神權不分開，戰爭涉及信仰的話，那可就殃及黎民百姓了。

比如，歐洲中世紀十字軍東征，所有百姓都捲入戰爭拚命打殺，信基督教的、信上帝的去殺不信上帝的，信伊斯蘭的殺信基督的，殺來殺去，就演變成了全民的戰爭，而且不斷這樣重複循環。包括近代歷史上兩次世界大戰，一戰和二戰其實跟宗教信仰都有直接的關係，只要是全球性的戰爭，就離不開信仰和宗教。

　　但是中華自古以來，基本沒有因為宗教、因為信仰發生慘絕人寰的大規模戰爭。只有清末 1851 年的太平天國，由洪秀全發動的這場戰爭涉及到了宗教信仰，但是幸好還並不是全國性的戰爭。太平天國沒過長江，曾國藩一直把洪秀全擋在長江以南決戰，所以這次戰爭，只是在南方區域造成了生靈塗炭。即便如此，仍然造成巨大的傷亡，也是不得了的！中國人口在太平天國戰爭之前大概四億人左右，太平天國結束以後，人口就剩兩億多了，這就是宗教戰爭，多麼可怕。那還是南方局部，如果太平天國北上打到黃河流域，打向北京，遍及全國，後果不堪設想！那種戰爭的慘絕程度可與改朝換代的戰爭不一樣，如果洪秀全得勝了，每個人都必須改信上帝，若不信就用各種方式殘殺你，那得多可怕呀！

中華歷史上不曾因為信仰和宗教發生大規模的全民戰爭。而西方歐洲歷史上出現多次人口近乎滅絕，被滅得十室九空，無外乎兩個原因，一個是大瘟疫，幾次大瘟疫都滅掉十分之九，另一個就是全民的宗教戰爭。所以中世紀以前，歐洲長期處於文化的黑暗之中，直到文藝復興以後才有點曙光，再經歷兩百年，進入工業革命時代才開始好起來。在那之前都處於黑暗，好不容易剛繁衍、積累了一點人口，文明的種子、智慧的種子剛要發芽，就遇上持續幾十年、上百年的大瘟疫、黑死病席捲歐洲；瘟疫過去休養生息沒多少年，十字軍東征又來了，戰事肆虐、又滅掉人口十分之九，歐洲如何能好好發展？

而中華民族特別幸運，能生在中華大地，沒有這種席捲全國，滅絕人口大半的大瘟疫，而且即使瘟疫來了，在它造成大規模傳染之前，直接在局部範圍內就祛除掉了；同時，中華也沒有因為宗教信仰而爆發的全民戰爭。但中華民族在歷史上也有幾次真的面臨著滅族的危險，比如五代十國時五胡亂華，當時漢人差點就被殺光滅族；後來又有蒙元滅南宋，南宋時期漢人有四千一百萬，1279 年南宋覆滅，經歷多年蒙元與南宋的征戰，漢人最終只剩六百萬

了，也很危險。但這些都不是內戰，而是外族入侵漢族的戰爭，而中華內部沒有過大瘟疫、大戰爭。

君權與神權分離，這首先得感謝顓頊大帝。顓頊是帝王，他本身也是神，但他把王權固定下來後，本人只行使王權，不行使神權，以王權好好的管理百姓。從此打下一個基礎：神權歸山，不參與政權。在顓頊之前，都是人神混居，人神不分家，家家都有神的狀態。顓頊絕天地通，神歸神位，人歸人位，把天地分開、把人神分開；顓頊又規定老百姓不可以天天神神叨叨，就好好過日子，把人的事做好，從那以後就開始了堯舜禹、夏商周……這樣一直流傳下來。

第二節

天地祖先祭祀含三大信仰
孝禮之源祭祀開儒學教化

顓頊絕天地通之後，人依然忘不了神，怎麼辦呢？因為那時候的人曾見過神，也知道神的偉大、知道神的智慧，發自內心的崇拜。於是顓頊制定了一整套的規則，開始把眾生對神的崇拜，導向去學習神所教給人們的這套文明體系。因此，我們要研究國學、研究歷史，顓頊這個人非常重要。也正如有位好師父，人很容易把師父當作神去崇拜，覺得師父就是靠山，這麼想是很正常的；但是太過頭了不行，崇拜過度你就不去學師父教的東西，而是認為任何問題只要找師父處理就好，這是不行的，如此你就找不回你自己了。師父的意義是把智慧教給你，然後你自己打開自己的智慧，去找回自己，具備你自己的神通和天賦異稟，你自己去立功、立德、立言，這才是師父的本意。但是，弟子不可避免的會把師父當作神去崇拜。

比如釋迦牟尼佛祖，當年不允許弟子立祂的像，不允許弟子拜祂，不允許弟子把祂當神。祂一再講，「我只是

普通人，你們應該學我認識宇宙真相和宇宙規律的智慧體系，但千萬不要把我當神拜。」祂不允許弟子為祂塑像，因為一旦塑像就可能帶來迷信，讓人只是跟著去拜。但是後世弟子又怎麼樣了呢？信佛的人不都是在拜佛像嗎？都把佛祖、觀音菩薩當成神來拜。

顓頊將人與神分開之後，規定人要做人的事，但可以學神的道，學道而不要拜神。但老百姓仍忍不住嚮往，所以顓頊為了紓解眾生當時對神的嚮往和崇拜，就舉行這些祭祀活動。大家定期組織起來，由官府帶領著拜天、拜地；老百姓自己則祭拜祖先。

所以，祭祀分為三類，一是拜天神，二是拜地神，三是拜祖先。拜天是由帝王負責；而地上的靈，比如山河大地皆有靈，山有山之靈，河有河之靈，海有海之靈，日月星辰也皆有靈，諸侯、高官們可以拜這些山川之靈；老百姓不能隨便拜天拜地，但是老百姓可以拜祖先，可以拜小的灶神、土地公，而上層的神靈則有規矩不能拜。拜天、拜地、拜祖先，這就是中華民族最基本的信仰源頭。

祭天代表的含意就是感謝上古之神，中華民族的一切智慧，都得益於曾經共居的上古之神教化，讓神州大地的子民們能變得這麼智慧，所以要感恩上古之神，秉承著神

傳下來的智慧，堅信而且繼承，所以祭拜天神。

顓頊雖然將人和神分開，但還保留了一個天地相通的、可以上天的通道。掌控這個通道的，專門負責溝通天地的人，就稱之為「巫」。「巫」字上面一橫是天，下面一橫是地，中間一豎是天梯，然後兩邊各一個人。在上古，能被稱為巫是最高的讚譽，要有通天徹地之能、品德特別高尚、內心特別純淨的人，才有可能成為巫，才能負責掌天梯、通天地。

顓頊之後就出現了巫，專門負責通天地。「巫」具體做什麼工作呢？就是帶領氏族眾生舉行各種祭祀活動，與天神之靈溝通。比如神龍、伏羲氏、女媧氏、神農氏、燧人氏、炎帝、黃帝，還有醫神岐伯、文字之神倉頡等各類上古之神，即是由巫帶領部落眾生進行祭祀，和各種不同的上古之神溝通。比如說想要五穀豐登，巫就帶領祭祀神農氏；如果有戰爭，發動戰事之前，就要通戰爭之神，就由巫帶領大家祭祀戰神蚩尤。

有人說這是迷信，人怎麼可能通神？其實前面講了無神俱靈論，萬物都有靈，上古之神也都有靈，不要以為儒學就是「之乎者也」，儒學對無神俱靈論有很多特別透徹的闡述，孔子絕對是通天地者。知道孔子是做什麼工作的

嗎？孔子出身就是禮官，即是帶領大家祭祀的祭司，其實就是巫。現在說孔子是巫，恐怕沒有人接受得了，但事實告訴你，孔子是純粹的巫、典型的巫。

孔子雖然曾經說：「敬鬼神而遠之。」但其實這句話是對普通老百姓說的。「鬼神」是什麼？「鬼神」即是我們所說的萬物俱靈，即俱靈論。但並不是有個鬼站在那兒，我就敬而遠之，鬼、神都是在精神領域，不是在現實世界。所以孔子本身就是「巫」出身，後來說他是教育家，光明正大，不提鬼鬼神神的事，當然他是「君子不語怪力亂神」，但要理解清楚，他「不語」，可不代表他不知不做，只是不說而已。

聖人就是聖人，要知道孔子禮官的工作性質，就是帶著大家做祭祀，就是通神的。別以為祭祀只是形式，殺隻雞鴨獻上，念念祭辭、行各種禮，然後請個神這樣的一連串形式。上古真正的祭祀是真正把神請下來，真的與神溝通，只是下面的眾生老百姓就跟著聽、跟著看，只有巫才能真正進行與神溝通的任務。

若不是顓頊把人與神分開，可能中華民族現在也是神權與君權不分，大家都感念著上古的神，家家都請神、拜神，上古之神沒事兒就到人間玩一圈，折騰一下。如果這

樣的話，中華民族不可能那麼穩定。所以顓頊在中華歷史上非常重要，絕了天地通，神歸神位，人歸人位，才真正實現天地人分開，才保證了中華民族的後人，掌握著神教給我們的智慧文明。

要學國學、學歷史，根必須清楚，必須清楚祭祀的對象是天神、地神和祖先。這就是華夏的信仰基礎，而信仰就是無神俱靈論。如果不相信無神俱靈論，不理解祭祀是祭拜天神之靈，祭拜山河大地日月星辰之靈，祭拜祖先之靈，那麼你就還沒有理清楚國學的根。如果信基督教、信上帝，你會知道基督教認為真正的宇宙正神只有一個，就是上帝耶和華，所有其他都要稱之為靈。西方雖承認有靈，但是他們把這些靈都叫鬼、叫魔，日月、山川、大地、河流的靈都叫魔，是邪靈，宇宙間只有一個正靈。從《聖經》、摩西《十誡》所寫的可以知道，基督教只允許你信一個神，宇宙間只有一個正神，其他的靈都是魔，比如撒旦。關於誰是撒旦？以後我們會講，你聽了會很震驚的，因為跟你有關係，跟我們中國人都有關係。

這就是中華上古傳下來的祭祀。之所以在講了文字、語言之後，接著講祭祀，就是因為祭祀太重要了！祭祀既是無神俱靈的體現，又是敬天、法祖的體現。在祭祀活動

中，我們祭祀上天、祭祀山川、祭祀祖先，祭祀活動這一種形式，把中華民族的三大信仰全都包含在內，而祭祀本身就是「禮」的前身。我們知道周朝的禮制是最完備的，夏商周透過什麼來治理國家？除了政治體制、分封體制之外，就是用禮、樂來治理國家。

禮是規矩，是道德的呈現，禮的前身就是祭祀，沒有祭祀就沒有禮，禮是從祭祀的活動發展而來的。所以古人把祭祀看得最重，是第一重要的。中華民族的一切都是上古之神賦予的，人們向神學習，雖然神到了天上、到了山上，人們還是要跟祂們保持聯繫。當人們在現實中有任何問題的時候、出現自然災害的時候，一定還是要向神請示，因為人沒有智慧，需要神的指點。

中華文化裡對祭祀的重視，以及祭祀活動的舉行，從上古時代、顓頊開始，一直延續到清朝滅亡。從北京故宮的建築，可以知道大清的時候仍然十分注重祭祀。北京的天壇、地壇，就是祭天、祭地的地方。還有日壇、月壇、先農壇等各種壇，都是大型祭祀的地方，可見祭祀之重要。

祭祀也是向上蒼祈禱，上蒼就是上古之神，那不是迷信。上古之神不是造物主，祂給中華民族傳遞這套智慧體系，同時也仍然在保佑著我們。上古之神的靈還在，只是

現代人不信了，現在也沒有真正的祭祀了。民間有祭祀黃帝的活動，但那都是民間自發的組織，已經完全不是古代祭祀的意義了。但是要知道，祭祀是一件非常重要的事。

秦始皇統一天下以後封禪泰山，那就是告天的大型祭祀。玉皇大帝是中國人集體潛意識中的天帝，祂就在泰山上，所以泰山也被稱為五嶽之尊、五嶽之重，中國歷朝歷代，尤其帝王對泰山最為重視。漢高祖劉邦統一天下之後，第一件事也是到泰山封禪，相當於人間的君王必須去跟神報到，對上古之神說：「我得到的這一切，都是領受自祢們的智慧和力量，都得益於祢們的護佑，請祢們繼續保佑我，我做事一定符合天道。按照祢們所教的規矩規律做事，絕不違背天道。」

歷朝歷代都是如此，帝王都得去報到。即使清朝是滿族入關統治中原，同樣也得舉行祭祀儀式、告天告地。古代皇帝在各個節日和節氣都要祭祀。像春節、清明、端午、中秋、重陽，所有這些重要節日，以及立春、立夏、立秋、立冬、春分、秋分、夏至、冬至這些重要的節氣，作為帝王，必須都得舉行祭祀活動。為什麼？因為不祭祀怎麼能風調雨順，怎麼能符合天道呢？天道、地道，然後才是人道，這裡面有很深的學問。

這可不是在宣傳迷信，如前所述，祭祀之實之重，再梳理一下就明白：祭祀是禮之前提，因為有了祭祀，才發展出禮；禮又是孝道的前提，沒有禮不成孝；而孝則是中華文明的立德之本、教化之源。

孔聖人教化眾生是從哪裡開始呢？從哪部經典開始學起呢？並不是《詩經》，而是儒學十三經之中的《孝經》。《孝經》開宗明義即是「孝乃德之本，教之所由生也。」這是孔聖人親口所說的。孝道文化是華夏文明一脈相承、貫穿下來的博大精深之道統。一部《孝經》就把《大學》、《中庸》、儒學五經以及十三經，都提綱挈領的帶出來了。那我們如何在現實中起修呢？依孔子之言，就是從孝起修。所以，真正修國學要在現實中踐行，就得從孝開始。

有人說，孝就是對父母好，就是照顧父母、多陪伴父母……這樣想就太簡單了，這僅是小孝。《孝經》有云：「小孝事親，中孝事君，大孝立身。」這可並不簡單，一個「孝」字就把儒學十三經全都囊括了，要講儒學體系，就從孝開始講。然而，行孝又要從哪裡開始呢？首先就從禮上行，而禮又是從祭祀開始的。所以，根都在於祭祀，這也就是之所以專門講解祭祀的緣由。

也有人覺得，我們現在來學祭祀、穿上漢服拜天拜地，

司儀喊拜三下，我們就跟著拜三下。這些儀式形式到底有何意義？之所以會有如此疑問，是因為中國人至今已經有一百多年「失禮」了，有一百多年不祭天、不祭地了。現代人相信所謂人定勝天，人什麼都行，能改變大自然，能讓山河改道，能讓日月無光，人比誰都高，比誰都厲害。然而，咱們中國人在這一百年中變成何樣了？上無天、下無地，即是無法無天。再查一查這一百年裡，中華經歷了多少災難！這就是上天不斷給予警示。

從歷史來看，祭祀之禮自上古一直傳下來，直到清末1912 年。歷史上那麼多偉大的朝代，都如此重視祭祀，祭天、祭地、祭祖先，難道沒有深刻的含意嗎？即使外族統治中華，對祭祀之禮仍從善如流，難道沒有深意嗎？祭祀難道僅僅是迷信嗎？不是的！我們的祭祀，其實就是禮儀、規矩的前身。有人會說：「我們只是普通人，不是國家，也不是政府，更不是帝王，我們祭祀什麼呀？」帝王有帝王的祭祀，諸侯有諸侯的祭祀，老百姓也有老百姓的祭祀。這在講解「孝」的部分會進一步說明，孝本就是從不同的祭祀活動中來，而祭祀本身就是敬天、敬地、敬祖先。

要學祭祀，首先要有這顆心，透過各種祭祀形式與上天溝通，與中華上古之神溝通，請上古神人開我智慧。開

哪方面的智慧？其實各行各業都有祖師爺，祂們就是開人智慧的上古之神，拜祖師爺就是祭祀活動。還有，我們祭拜祖先，春節、清明、中元等日子要去掃墓，這本身也是一種祭祀活動。透過這種祭祀活動，能把天南地北的家族宗親聚到一起，其實也有很深的含意。

國學講到這些內容，應該是大家意想不到的。有人覺得比較震撼，或許也有人覺得，這些老祖宗的東西早就被摒棄淘汰，扔進了歷史的垃圾堆，現在卻又要撿起來。是的，為了中華復興一定要撿起來！為什麼大周盛世、大漢盛世、大唐盛世、一直到宋元明清，都這麼重視祭祀？其中必有道理，在此即是講解這個理，而真正要想學儒必從孝入手，學孝則必從禮入手，學禮則必是從祭祀開始，而且得真正有心，然後有行動。

那現在怎麼學祭祀，還有誰真正懂祭祀呢？這就是之所以我們要開始研究祭祀、研究正體字、研究文言文，即使本來都不懂，正是不懂才要學！理講通了，就開始著手學。祭祀是禮的前提，禮是孝的基礎，孝是儒學踐行的第一步，所謂「百善孝為先」。要學祭祀，從古籍當中就能學，先有祭祀之心而後學禮；逢年過節即可開始行動，對長輩、對祖先行禮，一點一點的來；有心之人，就能像孔子當年

所做的一樣「恢復周禮」，即是把周初時代的整套祭祀活動、禮儀規矩，都重新恢復起來，教給戰國後期已經人心不古的眾生，從祭祀、從禮、從規矩，開始孔子的教化之道。

第三節

懷誠敬之心
承祭祀之禮 為國學之根

　　國學，要從文明的淵源起學，也就是語言、文字、文言文體系，以及前面初步講解的祭祀。語言文字基礎打好以後，繼續學習國學體系，應從哪裡開始學習，從哪裡開始起修？還是得按照經典的記述來。經典告訴我們，國學和中華文明體系是從祭祀和占卜而來。看到這句話，好多讀者會感到疑惑，學習中華傳統文化、中華文明，和占卜有什麼關係？而祭祀不是上古時期祭天、祭地的迷信活動嗎？設置祭壇，繁瑣的禮教形式，這不是已經推翻的封建迷信嗎？更有甚者認為，哪有天和地啊？我就認我這個人就可以了！我們現在都是秉持著這種思想。

　　現在中華的眾生，真的已經不知道有天、不知道有地了。做事亦不循天道地規，不論是非黑白，所謂「黑貓白貓抓著耗子就是好貓」，認為能掙到錢、能當官有權就好。現代中國人不都認為，只要有財富就能得到一切嗎？上不知天、下不知地，無父無母、無法無天，不懂因果、不知

報應，做事不計後果，只要把事做成就好。結果看似成功了，看似有錢有權，隨後卻是災禍連連、家宅不安。現代的中國，上不循天道、下不合地規，中不通人事，導致近百年來災難不斷，中華民族一直處在水深火熱之中。

國學即是華夏文明體系，我們在此是從根上開始講，讓大家清楚這套完整體系。其實，基本沒有哪個國學老師、國學教授，或者高僧大德是這麼講國學的，我自是與眾不同，但是讀者諸君可以自己判斷書中所言有沒有道理。還是那句話，我所講述的一切，從理論觀念一直到教授的法和術，都是出自於上古經典，絕不是我自己創造。接下來，我要講一講孔聖人經典裡關於祭祀和占卜的描述，看看是否符合聖人孔子在經典當中提出的觀點。

首先，大家不要把祭祀僅僅當成是祭天、祭地、祭祖先，認為一年有這麼幾次祭祀的行為就可以了，那只是狹義的祭祀。祭祀也有廣義和狹義之分。狹義的祭祀就是上祭天、下祭地、中祭祖先，每年舉行幾次祭祀之禮。而且祭祀之禮的規矩很多，諸如百姓不可以祭天地，只能祭祖先，以及社神和灶神。地方官和諸候可以祭自己轄區內的山川、大地之靈，比如上海城隍廟，可以由地方官員帶領當地居民在城隍廟祭祀當地的地之靈；而民眾到城隍廟去

只是祈福，不能祭祀。至於祭天，只能由天子舉行大禮。而且不同的祭禮，禮數都有規矩，不能亂來，福德不夠而胡亂祭祀，不但不會帶來福澤，反而會帶來災禍。

祭祀上通神靈、下通山川大地之靈、中通祖先之靈，不但最講究禮節規矩，也最講究誠敬之心。為什麼要祭祀？首先是敬畏。透過天、地、祖先的祭祀，取一個敬字，從而通天神之靈、通山川大地之靈、通祖先灶神之靈，敬即是對神靈的一種尊敬。只有中華才有這種祭天地人的整套祭祀禮規儀式。西方並不祭祀，只是禮拜上帝，這和中華的文化完全不一樣。

古人為什麼對祭祀這麼重視呢？因為當人在這套看似繁複的儀式中，懷著敬天、敬地、敬祖先之心，就會深深體悟到與祖先及天地之間的呼應、天人合一的感受。從狹義的祭祀衍生出廣義的祭祀，即是這種敬畏之心，體現在生活的方方面面，由敬而生出誠，由誠而生出禮。日常生活中，待人要有禮，禮就是從誠敬中來，從廣義的祭祀而來。在家對父母，就像對祖先一樣禮敬，這就是孝；在外對國家、民族、君主、老闆都有種敬畏之心，這就是忠。在家敬父母，言孝；在外敬君國，言忠。忠和孝是中華民族代代相承的美好品德，而忠孝一定是從禮上表現出來，

禮的表現就是規矩。

真正的忠孝，除了每年狹義的祭祀活動之外，還要在現實生活中時時懷著那分誠敬的心。比如看經典的時候，要懷著一種敬畏之心，每次看經典前，我都會洗洗手淨淨面、整理裝束、點上熏香，這是我在看經典前都會有的一點儀式，而敬畏就體現在一定的儀式之中。

我每天講課之前，基本都會齋戒，晚上要講課，晚餐就吃素。其實本身並不是吃不吃素的問題，而是讓自己清淨，因為每天課堂上所講的是我特別敬畏的祖先智慧，是來自於天、地，通達於人的智慧。我特別敬重，也不論有沒有必要，這就是一種儀式，就是我心中的敬畏。

又比如正式講課前，我都會沐浴更衣；講課後，所用的衣服都及時洗好、掛好，都會有一種敬畏感。也就是說，平時在日常行動當中，時時刻刻保有一顆敬之心，敬帶來誠，誠必體現在禮上，有禮就有規矩，禮又是孝的前提，孝和道是不分的，忠、誠和孝又是不分的。不孝不可以入道，要想修道必從孝入手起修。

而孝也有小孝、中孝和大孝。孔子在經典中說，小孝事親、中孝事君、大孝立身。想要追求圓滿，必須做到大

孝立身，立身即可修身，修好身才能齊家、治國、平天下，才能建功立業，建立「立德、立功、立言」聖人三不朽的事業。忠君愛國，即是中孝事君；小孝事親，就是在家敬父母。不事親，絕不可以言忠；不事親，不言忠，絕不可以談修身、修行，這都是根本。

在家事父母，在外事君國，這是做人的職責和義務。如果做人的基本職責義務都盡不到，還談何修身、修心、圓滿。那是修行的基礎，是世間法，世間法修好了才能有機緣修習出世間法，才能最終得到出世間法的圓滿。因此再次強調祭祀的重要性，即平時要有恭敬之心、誠敬之心，才能有忠孝。真正的國學起修，必是從忠孝起修。在家不孝父母，在外不忠君國，做人的本分都做不到位，談何修行！談何昇華！談何圓滿！

真正的祭祀要從廣義的祭祀開始。而真正想修習這套國學體系，也要從廣義的祭祀開始，不僅要把語言文字研究清楚，更要把心態理好、擺正。祭祀就是把恭敬之心、誠敬之心、忠孝之心擺正，心態正了，才是學習華夏神授文明體系的基礎。打好了基礎、做好了鋪墊，才能真正學懂這套文明體系，才能從占卜開始起用。

在此國學系列的上一冊中，用了很大的篇幅講文字、

語言、文言文體系的作用、意義以及具體的修習方法。而現在反覆強調祭祀的重要性，即是在講我們的心態應該如何。要懷著誠敬之心，秉承祭祀之禮，才是真正學好國學的根源和前提所在。

　　華夏上古時代，最早一批教授人類的上古之神就特別重視祭祀，一直延續到清朝滅亡。清亡以後，民國時期就不再重視祭祀了，到中華人民共和國建國以後，不僅不講究祭祀，更是要打倒祭祀、推翻舊社會。現代中國人基本上都沒有祭祀的概念，連清明節祭祖墳、過年拜祖先的儀式都沒有了，就更不用說祭天地了。中華不祭天、不祭地、不祭祖，基本從 1919 年五四運動以後開始，民國時期尚未從政府角度絕對禁止，但在唯物主義者治下則是絕對不允許的。

　　祭祀在古代被重視到什麼程度？帝王不僅要在大型節日節氣之時，定期舉行祭天、祭地和祭祖大禮；平時如果出現天象異動或大地受災，帝王馬上就得下罪己詔，行祭祀之禮以告慰天地之神靈，祈求天地神靈護佑其子民及眾生，自古以來都是這樣。此時帝王就是一國之人、眾生集體的代表。

　　天，是中華民族傳承的來處，即代表中華上古之神、

最早的先祖。神皆有靈，山川大地、日月星辰都有靈，祖先也有靈；即使神已經不在這個世上，人也可能不在世了，但是靈都會在。所以中華祖先智慧所講，即是我們承認靈都是在的，而且時時刻刻覺得就在身邊。即使孔子的肉身已經入土千年，但是他的靈還在光芒萬丈的照耀著後世子孫。這就是華夏文明中很重要的一部分，無神俱靈論。

祭祀就是跟天之靈、地之靈、祖先之靈時時溝通。我們既要承繼，同時又在天佑地護之中，所以祭祀是不能缺少的。這套禮法從上古而來，遵循上古的規律，有變有不變。如此，對於上古傳下來的規律智慧，後世子孫應該怎麼承繼？中華文明體系，是變還是不變？變就是與時俱進，不變則是亙古不變。孔子一直提倡「信而好古，述而不作。」他強調不變，但是他同時又最強調「易」，而易就是變的意思，該怎麼理解領悟？變什麼，不變什麼？不變的是亙古之規律、是人心，變即是要與時俱進，在不變的規律中不斷尋求變化，要根據事物以及時代的發展，創新、創造，以及不斷的靈活變化，這就是易之道。

但是在「易之道」中，構成易之核心的規律、人心、人性是亙古不變的。要守住易當中最基本的規律，看透人心與人性，這是不變的；然後根據具體的事、具體的人，

與時俱進，時時刻刻都隨機應變。這就是「一陰一陽之謂道」，易就是道。這就是變與不變的定律。

必須知道什麼是一定不變的，也要知道什麼必須要變。不變的是根本的理，變的是在用的過程中，隨著事物的發展，人心、人性的變化去調整適應，隨機應變。一個叫理，一個叫用，理上不變，用時隨機。後面要具體講占卜是什麼，如果都不變，開始做事就按規律，從始至終只按照一個固定規律做就行了，為什麼還要占卜呢？為什麼還要預測呢？就是因為其實還是有變的、有不變的。但首先變什麼、不變什麼一定要清楚，這是方向性的。

前面一再強調，祭祀非常重要，這是一種心態。現在我們中國人要改！現代中國人心中無父無母、無天無地，從小受的教育就是我們是革命者，革命者可以六親不認，革命者可以打倒一切封建社會舊思想，甚至父母。文革的時候不僅批林批孔，有的還揭露父母，甚至打罵父母、批鬥父母。如果連父母都不知敬畏，那天和地呢？在家不敬父母，出外能敬天地嗎，能敬君國嗎？

不要說是為革命、為國家，所以跟父母一刀兩斷。如果你與最親的來處、你的血脈都不認，你能認國家嗎？不可能的！「一屋不掃何以掃天下」，對父母不好，怎麼可

能對老闆好，怎麼可能對國家好！現在中國人的心態，在工作崗位上，有幾個發自內心對老闆敬重的？基本上全是表面工夫，老闆在的時候畢恭畢敬，老闆不在，同事湊在一起哪個不在罵老闆。老闆給我們提供平臺，擔著極大的風險，是我們的衣食父母，如果你覺得老闆什麼都不是，可以取而代之。但是如果你自認為老闆就是有幾個臭錢，對他也沒有一點敬畏之心，天天挑他的毛病，天天在罵他。你這樣的人對國家、君主會有敬畏之心嗎？

這跟誰是領袖，誰是老闆沒有關係，而是自己的心態問題。在家對父不敬、對母不親的人，在外也一定目無尊長，沒有知心朋友，沒上沒下、不知天高地厚、無法無天。打工者每天就想著超越老闆，現在中國人基本都是這樣的心態，不會把自己放在平和的心態和平等的位置上。「在其位，謀其政」，中國人現在做不到，都是眼睛抬得比天還高，總想著一飛沖天、人定勝天，都是「早晚有一天我要當老闆」的心態。這都是因為近幾十年的教育而形成的，所謂「王候將相寧有種乎？」資產階級、資本家不過就是有幾個臭錢唄！現在當官的都怎麼上去的啊，有一天看我怎麼上得更快更高！現在中國人全是這種不服上的心態，這對社會的發展、社會結構的穩定沒有任何好處。

現在中國已經把古制全打破了，但行之有效的、符合國民心性的新體制尚未建立起來。古治基礎全毀，還怎麼建立？上古那套古制，本就是符合宇宙自然規律的，人心人性也不會變，中華歷朝歷代已經實行了近一萬年了，所以中國歷史上的朝代很穩定，幾百年一次改朝換代，這在世界歷史是很難得的。古人制定的是符合中華大地人心人性的體制，不能隨便更改。如今不遵循古禮，結果現在中國變成什麼樣子了！中華大地為什麼災難不斷？各種災難是怎麼來的？霧霾就是心霾，即是人心不古，不古就是不純，人心亂了天下就亂了。人本應信而好古，現代人誰都不信了，相互之間也根本建立不起信任。

孔子所在的戰國時期也曾出現這種狀態。戰國時期的人們也是無政府主義，戰國七雄各自爭霸，能者居之。整個戰國從上到下也都是這種思想狀態，因此孔子形容當時「人心不古」。然而，這樣對思想的壓制很小，各類思想都可以蓬勃發展，因而形成了春秋戰國百花齊放、百家爭鳴的局面。秦統一後，不允許思想解放的無政府狀態，開始統一思想、中央集權，然而一旦集權了，思想就一定會被壓制。中華歷史上出現過幾次類似的思想大解放，都是在國家政權不穩的時候，才有可能出現。比如，民國時期

思想也比較開放，因為民國也相當於無政府狀態，軍閥割據，社會十分不穩定。集權政府一旦建立，思想必要集中統一，這也很正常。

若想家齊國治、天下太平，我們平時就要有祭祀的心態，有敬畏、誠敬的心態，而且要時時銘記於心。一旦家裡遇到災難，有些不幸，出現了一些意外的不可抗力，此時就得有一顆誠敬的心，對上古之神、對山川大地、對祖先恭敬的、慢慢的溝通，靜下來感受；最重要的是在祖先前反思自己，認識到平時在德行方面、做人做事方面，有哪些不對，內心是否有爭鬥、衝突、嫉妒、惡毒，這就是福德的起修處。《論語·學而篇》 曾子說：「吾日三省吾身。」平時就要自省哪裡做得不對，用正確的方法不斷修正自己，方能修身、齊家、治國、平天下。這是從淺顯講一下祭祀的道理。

現實中的一切不幸，現實中的一切缺與漏，一切的災難、障礙、不圓滿，都是源自我們自己的內心。天人合一，這是中華最重要的大智慧。有人說，我不過是一個人，天怎麼能和我合一呢？你太小看自己這一個人了！正是你這個人、你的心決定了你身邊出現的人、事、物；你有你的世界，你的世界發生的一切只跟你有關係，這是中華老祖

宗大智慧告訴我們的至理。

　　與你相關的人、事、物，只與你相關，都是從你的心發出去的，如果你要想改變，就要向內尋求。比如從小到大你身邊總是小人不斷，總有人害你；或者官司不斷，總有人告你，此時絕對不要向外去求、向外去變，即使換了一批人，過兩年也還有人害你，為什麼？因為你的心沒變，人性沒變。當你的人心、人性沒有變的時候，投射出去的世界、人事物也都不會變，所以跟外面沒有關係，只跟你自己有關係。

　　當現實中有不順、障礙的時候，好好靜下來反思，我的德行夠不夠？我到底有什麼問題？有哪些原因？我是否有嫉妒？我是否有害人之心？我是否看不慣？我是否嫉惡如仇？我是否有惡毒之心，天天抱怨？好好在這些方面反思，在現實中改善。在上古之神、山川大地面前好好反思，下決心改正，寬以待人，能夠包容一切，遇事不與人作對。你先改變了，再看外界的人事物變是不變。這就是從個人角度來講，時時保有祭祀之心。

　　在古代中國，一個國家、一個朝代發生災難的時候，黎民受苦、百姓受難，帝王一定會齋戒七日、沐浴更衣，然後向天地祖先反思、反省，向天下蒼生下罪己詔檢討自

己：有哪些地方做的不對、哪裡真的錯了，上天不要因為我的過錯而懲罰我的百姓，同時決心如何改正，而且對百姓減刑減賦。帝王在這段時間還會齋戒，或者發大願做功德。這才是帝王要做的。

回顧歷史，往往帝王這樣做了以後，天災馬上就停。這很神奇，但不是迷信，自古帝王都是這麼做。而且，這是有道理的，一般來講，天、地、人之間是相應的。星象有固定的順序，當天有異象時，比如哪顆星有異動，或突然發光亮，或突然暗淡無光，或者離開了原本的軌跡，天現異象，地上與天就會相應，就會有地震、海嘯、蝗災、瘟疫等災難，人就跟著受苦。

古代朝廷都設有星象官。古時通訊不發達，邊遠地區發生叛亂，即使快馬飛奔報告，也得一、兩月以後消息才能送到京城，況且那時皇帝也沒有電報、電話，怎麼能知道發生叛亂了呢？然而歷史記載發現，很多都是皇帝早就知道那裡要發生叛亂了，甚至皇帝知道了以後立即防患於未然，提前派重兵制止，這樣的例子，歷史上屢見不鮮。

中華歷史上，一個朝代如何維持幾百年？可不容易啊！中華土地這麼大面積，唐朝國土一千二百多萬平方公里，如果邊疆有事，要多久時間京城才能知道？皇帝如果

不能提前知道哪個方位要出問題，不提前派兵去制止，一個朝代怎麼可能維持幾百年的穩定？至於怎麼提前知道哪裡要出問題，這就是接下來我們要講述的內容——占卜。學習國學、華夏文明體系，從語言、文字、文言文、經典起修，是通達大道至理，而真正能夠指導現實生活的，則是從占卜起用。

卷尾一語

我們之前講了中華文明之神授文字，本書又講解了漢語、文言文的語言體系，以及中華民族凝聚力的基礎，即中華三大信仰「無神俱靈、敬天、法祖」。中華民族的力量不是武力，而是智慧迸發出來無窮無盡的、最強大的力量。因為中華祖先秉承著上古高度發達的文明體系，要相信上古之神傳給我們的文明文化體系，是宇宙最高的智慧、最高的規律，做到述而不作，好好信奉、遵循、延伸、發展；不要詆毀、排斥、否定，盲目創造。

祭祀是我們的文明信仰當中，敬天與法祖的落地表現形式。在此我們重新認識到，中華兒女當心存敬畏，敬天敬地敬祖先。祭祀時心中秉持對祖先、上古之神、宇宙自然規律的敬畏、遵循和傳承，如此中華的力量才能連結，智慧才能迸發。祭祀延伸出我們的孝道文化，孝衍生出禮、禮衍生出規，而後是人倫道德和秩序。孝道文化是中華文化延續的根基、中華民族文明體系的落地。

通理知禮之後，我們更要把人做好、把事做好，把這套智慧體系傳承下去，也即是聖人之三不朽：立德、立功、

立言。要學以致用，指導現實中發生的每一件具體事情，這才是學習國學、學習這套智慧體系真正的意義。然而，怎麼把普遍之理和現實之事聯繫起來、學以致用，這就是後面我們要繼續講述的占卜之術。

明公啟示錄

解密中華文明真相（二）：尋根中華文明之語言與信仰

作　　　者／范明公
出 版 贊 助／全竞
主　　　編／張閔
文 字 整 理／龔麗娜

美 術 編 輯／申朗創意
責 任 編 輯／武子芹
企畫選書人／賈俊國

總 編 輯／賈俊國
副 總 編 輯／蘇士尹
編　　　輯／高懿萩
行 銷 企 畫／張莉榮・蕭羽猜

發 行 人／何飛鵬
法 律 顧 問／元禾法律事務所王子文律師
出　　　版／布克文化出版事業部
　　　　　　台北市中山區民生東路二段 141 號 8 樓
　　　　　　電話：(02)2500-7008　傳真：(02)2502-7676
　　　　　　Email：sbooker.service@cite.com.tw
發　　　行／英屬蓋曼群島商家庭傳媒股份有限公司城邦分公司
　　　　　　台北市中山區民生東路二段 141 號 2 樓
　　　　　　書虫客服服務專線：(02)2500-7718；2500-7719
　　　　　　24 小時傳真專線：(02)2500-1990；2500-1991
　　　　　　劃撥帳號：19863813；戶名：書虫股份有限公司
　　　　　　讀者服務信箱：service@readingclub.com.tw
香港發行所／城邦（香港）出版集團有限公司
　　　　　　香港灣仔駱克道 193 號東超商業中心 1 樓
　　　　　　電話：+852-2508-6231　　傳真：+852-2578-9337
　　　　　　Email：hkcite@biznetvigator.com
馬新發行所／城邦（馬新）出版集團 Cité (M) Sdn. Bhd.
　　　　　　41, Jalan Radin Anum, Bandar Baru Sri Petaling,
　　　　　　57000 Kuala Lumpur, Malaysia
　　　　　　電話：+603- 9057-8822　　傳真：+603- 9057-6622
　　　　　　Email：cite@cite.com.my
印　　　刷／韋懋實業有限公司
初　　　版／2021 年 2 月
售　　　價／300 元
I S B N／978-986-5568-09-2

城邦讀書花園　布克文化
www.cite.com.tw　WWW.SBOOKER.COM.TW